Investir dans l'agriculture en Afrique et dans les Caraïbes

Les chemins du succès dans le secteur agricole :
financement, partenariat, production et coopération

Collection « Études africaines »
dirigée par Denis Pryen et son équipe

Forte de plus de mille titres publiés à ce jour, la collection « Études africaines » fait peau neuve. Elle présentera toujours les essais généraux qui ont fait son succès, mais se déclinera désormais également par séries thématiques : droit, économie, politique, sociologie, etc.

Dernières parutions

Jorge BRITES (dir.), *Mauritanie : que nous laisseront les vents de sable ?*, 2021.
Benoît Kouakou Oi KOUAKOU, *Le métier d'Homme*, 2021.
Safiatou DIALLO, *Politiques de santé en Guinée, de la colonisation au début du XXIe siècle*, 2021.
Gaptia LAWAN KATIELLOU, Vieri TARCHIANI et Maurizio TIEPOLO (dir.), *Risque et adaptation climatique dans la région de Dosso au Niger*, 2021.
Joël IPARA MOTEMA, *Maladie et quête de sante en République démocratique du Congo*, 2021.
Julien IRUMU AGOZIA-KARIO, *Spiritualité logo au contact de la colonisation*, 2021.
NIAMKEY-KOFFI, *La notion de système philosophique. Spinoza et Nietzsche*, 2021.
Mylène DANGLADES, Babou DIÈNE et Denis Assane DIOUF (dir.), *L'esclavage en mots/maux et en images,* 2021.
Benjamin KAGINA SENGA, *Quelle protection pour les enfants déplacés et refugies non accompagnés en République démocratique du Congo ?*, 2021.
Christian ROCHE, *Les pionniers des indépendances africaines face à leur destin. Colonies françaises d'Afrique noire et territoires de l'océan Indien,* 2021.
Emmanuel KABONGO MALU, *La critique de la raison scientifique égypto-africaine chez Cheikh Anta Diop*, 2021.
NIAMKEY-KOFFI, *Philosophie, culture et développement. De l'esthétique nègre à l'impensé philosophique des langues*, 2021.

Sous la direction de :
Maître Rania Fawaz - Madame Ange Mireille Gnao
Docteur Wilsonn Labossiere - Docteur Gabriel Wawa Matondo

Investir dans l'agriculture en Afrique et dans les Caraïbes

Les chemins du succès dans le secteur agricole :
financement, partenariat, production et coopération

© 2022, L'Harmattan
5-7, rue de l'École-Polytechnique – 75005 Paris
www.editions-harmattan.fr
ISBN : 978-2-343-24908-7
EAN : 9782343249087

AVERTISSEMENT

2021 © Copyright 8 auteurs du livre collaboratif du Forum Haltes aux entrepreneurs voyageurs à savoir : **Ange-Mireille GNAO, Augustin TAPÉ, Christelle YOBO, Hyacintha FAUSTINO, Isabelle BLOT, Matondo Gabriel WAWA, Rania FAWAZ, Wilsonn LABOSSIERE.**

Pour rappel : « *Le Code de la propriété intellectuelle et artistique n'autorisant, aux termes des alinéas 2 et 3 de l'article L.122-5, d'une part, que les « copies ou reproductions strictement réservées à l'usage privé du copiste et non destinées à une utilisation collective » et, d'autre part, que les analyses et les courtes citations dans un but d'exemple et d'illustration, « toute représentation ou reproduction intégrale, ou partielle, faite sans le consentement de ses ayants droit, est illicite » (alinéa 1er de l'article L. 122-4). Cette représentation ou reproduction, par quelque procédé que ce soit, constituerait donc une contrefaçon sanctionnée par les articles 425 et suivants du Code pénal.* »

REMERCIEMENTS

Nous souhaitons remercier l'ensemble des personnes qui ont participé lors de nos conférences entre février et juin 2020. Elles nous ont été de bons soutiens tout au long de ces séries pour leur confiance qu'elles ont portées en nous. Nous tenons particulièrement à remercier les intervenants pour leur contribution qui n'ont pas été des moindre vu la situation sur laquelle nous avons dû faire face. Nous remercions ONU Femme France pour sa labélisation de notre forum. Nos remerciements vont tout droit vers nos futurs lecteurs.

DÉDICACES

Ce livre est dédié à tous ceux qui d'une façon ou d'une autre, ont laissé une empreinte profonde dans le monde agricole, nous nous adressons particulièrement, à :
Les opérateurs de l'agrobusiness (TPE, PME, associations, ONGs, Coopératives ...) qui effectuent des actions responsables vers le développement durable.
Les femmes africaines et caribéennes qui sont à la base de la production agricole en Afrique et dans les Caraïbes.
Tous les acteurs de la solidarité internationale qui œuvrent pour la promotion d'une agriculture responsable à travers le monde.
Toutes les instances qui militent pour l'application des objectifs du développement durable dans les pays africains et caribéens.
Enfin à tous les contributeurs, particulièrement ceux qui nous ont accompagnés de près ou de loin pendant la rédaction de cet ouvrage. Une pensée particulière à nos proches et à nos familles respectives !

TABLE DES MATIÈRES

AVERTISSEMENT i
REMERCIEMENTS ii
DÉDICACES iii
LISTE DES FIGURES xii
LISTE DES TABLEAUX xiii
LISTE DES ACRONYMES ET ABRÉVIATIONS ... xiv
I- INTRODUCTION GÉNÉRALE 1

CONTEXTE LÉGAL DE LA PRATIQUE AGRICOLE EN AFRIQUE 11

Le contexte légal du secteur agricole dans les pays africains et le statut juridique des femmes africaines dans l'agriculture 13

    1. Introduction 13

    2. Les Priorités de l'Afrique en matière de développement durable et les adaptations législatives 15

        2.1. Les enjeux liés à la productivité agricole et à la sécurité alimentaire sur le continent africain 15

        2.2. L'édiction des prescriptions législatives protectrices mises en œuvre pour lutter contre les dégradations écologiques, sauver les forêts et les habitats naturels 18

    3. Le rôle et la place des femmes au sein de l'agrobusiness en Afrique 20

    4. Conclusion 25

LA PLACE DE LA FEMME DANS L'AGRICULTURE EN AFRIQUE ET DANS LES CARAÏBES 27

La femme dans l'agriculture en Afrique et dans les Caraïbes : État des lieux et Perspectives 29
   1. Introduction 29
   2. Histoire ou histoire de préjugés et d'une prise de conscience 30
   3. Place des femmes 33
      3.1. En Afrique 36
      3.2. Aux Caraïbes 39
   4. Rôle déterminant des femmes, nécessaires à la recherche, à l'innovation, à l'avenir durable 43
   5. Initiatives des femmes 47
      5.1. Aux Caraïbes 47
      5.2. En agriculture verticale 49
   6. Volonté politique 50
   7. Empêchements, corvées quotidiennes, précarité menstruelle 51
   8. Perspectives, Développement et investissement . 54
      8.1. Projets, programmes des ONG 54
      8.2. Nouvelles chaînes de valeur 57
      8.3. L'économie verte et le développement durable 58
      8.4. L'accès des femmes au crédit et à l'investissement 58

Conditions de vie des femmes du secteur agricole en Afrique 60

Coopérative des femmes : Autonomisation des femmes agricultrices 65

1. Une diaspora consciencieuse et responsable, créatrice de richesse et de développement dans le continent africain. 66

2. L'autonomisation de la femme agricultrice africaine, gage de développement : le cas des coopératives de femmes. 68

3. La noix de cajou, nouvelle mine d'or pour l'agriculture africaine 69

La place de la femme dans l'agriculture en Afrique – Le cas du Ghana 72

1. L'agriculture comme levier contre la pauvreté, le cas du Ghana 72

2. Les femmes dans la production agricole et la transformation de produits : Interview d'Ama Boake, CEO de Cedi Juice Ghana. 74

3. Conclusion 84

AGROTOURISME : UNE MISE EN PRATIQUE DU DÉVELOPPEMENT DURABLE 87

Le Green Art au cœur de l'agriculture et au service de l'agrotourisme 89

Agrotourisme : Source de revenus complémentaires et d'opportunités de développement de l'agriculture durable pour les agriculteurs africains et caribéens 95

1. Introduction 95

2. Quelques généralités sur l'agrotourisme 99

3. Quelques variantes autour de l'agrotourisme 100

3.1. Tourisme rural 101

3.2. Tourisme de jardins 102

3.3. Écotourisme 102

3.4. Tourisme autochtone 103

3.5. Tourisme équitable.................. 103
3.6. Tourisme solidaire 104
3.8. Tourisme participatif.............. 105
4. Agritourisme (ou agrotourisme) 105
   4.1. Quelques exigences de la pratique de l'agrotourisme................. 106
   4.2. Agrotourisme au service des ODD 108
5. Pratique de l'agrotourisme dans le monde 111
   5.1. Agrotourisme en Europe............ 111
   5.2. Agrotourisme en Asie 113
   5.3. Agrotourisme en Océanie 114
   5.4. Agrotourisme en Amérique continentale (nord, centre et sud)................ 115
6. Pratique de l'agrotourisme en Afrique et aux Caraïbes 117
   6.1. Le cas des pays du Maghreb....... 117
   6.2. Le cas des pays de l'Afrique subsaharienne 119
   6.3. Le cas des pays de l'Afrique de l'Est et de l'Océan Indien 126
   6.4. Le cas des pays des Caraïbes........ 127
7. Conclusion....................... 129

Agrotourisme : entre opportunités d'affaires et sous-exploitation 132
   1. Généralités...................... 132
   2. L'agritourisme axe de développement des territoires................ 139
   3. L'agritourisme est également un complément de revenus pour les hôtes 140

4. L'agrotourisme, une activité sous-exploitée en Afrique et méconnue du grand public 142

LES PRATIQUES DE L'AGRICULTURE RESPONSABLE ET DURABLE 145

Agriculture responsable : les pratiques durables pour le développement de l'Afrique et des Caraïbes 147

1. Introduction 147

Tableau 2 : Niveaux et types de contraintes pour les agricultures raisonnée, biologique et responsable . 149

2. Contexte agricole du continent africain 152

    2.1. Les contraintes du secteur agricole africain 152

    2.2. Solutions possibles face à l'insécurité alimentaire sur le continent 157

3. Agroforesterie : un modèle pour l'Afrique et les Caraïbes 165

    3.1. Les atouts de l'agroforesterie 165

4. Quelques exemples de pratique de l'agriculture responsable en Afrique et aux Caraïbes 168

5. Des pratiques inspirantes et durables pour l'Afrique et les Caraïbes 174

    5.1. Le paillage Mulch (ou mulching), une solution durable 174

    5.2. Les capteurs de brouillards 175

    5.3. Les hydrorétenteurs 176

INVESTIR DANS L'AGRICULTURE DURABLE EN AFRIQUE ET AUX CARAÏBES 179

L'agriculture est la clé de la liberté économique de l'Afrique 181

1. Généralités 181

2. Solutions à envisager face aux problèmes agricoles de l'Afrique 183

3. Conclusion 184

Agriculture responsable et investissement en Afrique et dans les Caraïbes 185

Agribusiness : Moteur du développement du secteur agricole et agroalimentaire en Afrique et dans les Caraïbes 188

1. Introduction 188

2. Agribusiness et quelques généralités 191

Fig 1 : Illustration des types d'opérations en agribusiness (construction de l'auteur) 193

3. Les principales activités de l'agribusiness 193

3.1. La recherche et développement agricoles ... 194

.... 195

.... 195

Fig 2 : Présentation de l'écosystème agrobusiness selon l'adaptation de l'auteur 195

3.2. Le façonnage des outils et machines agricoles 195

3.3. La production d'intrants agricoles 195

3.4. La production agricole 196

3.5. La transformation des produits agricoles ... 198

3.6. Intérêts de la transformation des produits agricoles 198

4. Réglementation dans la transformation des produits agricoles 199

Fig 3 : Mode d'identification des produits entrant ou sortant 201
.... 201
 4.1. La réglementation et les locaux de transformation alimentaire 201
Fig 4 : Diagramme de causes à effets ou 5M 202
 4.2. La transformation alimentaire et le Codex Alimentarius 203
 4.3. La réglementation et l'emballage alimentaire
.... 204
Tableau 3 : différents types d'emballage et de contenant en fonction du type de produit 204
5. La distribution et la vente 206
6. Les acteurs et composants spécifiques à l'agrobusiness 207
 6.1. Le spéculateur 207
 6.2. Le négociant 209
 6.3. Les marchés à terme 209
 6.4. Principaux acteurs en aval de l'agrobusiness
.... 211
Fig 5 : Illustrations des activités et des chaînes de valeur dans l'agrobusiness 213

RETOUR D'EXPÉRIENCE DU FORUM AUTOUR DE L'AGRICULTURE RESPONSABLE EN AFRIQUE ET AUX CARAÏBES 217

CONCLUSION GÉNÉRALE 223

NOTES DE RÉFÉRENCES 231

LISTE DES FIGURES

Tableau 1 : Illustration de la stratégie d'investissement dans l'agribusiness... 67

Tableau 2 : Niveaux et types de contraintes pour les agricultures raisonnée, biologique et responsable..149

Tableau 3 : différents types d'emballage et de contenant en fonction du type de produit.. 204

LISTE DES TABLEAUX

Fig 1 : Illustration des types d'opérations en agribusiness (construction de l'auteur) 193

Fig 2 : Présentation de l'écosystème agrobusiness selon l'adaptation de l'auteur 195

Fig 3 : Mode d'identification des produits entrant ou sortant 201

Fig 4 : Diagramme de causes à effets ou 5M 202

Fig 5 : Illustrations des activités et des chaînes de valeur dans l'agrobusiness 213

LISTE DES ACRONYMES ET ABRÉVIATIONS

AATGQ	Agrotourisme et du Tourisme Gourmand
ABR	African Business Roundtable
ACP	Afrique, Caraïbes et Pacifique
AFP	Agence France Presse
AGRA	Alliance pour une Révolution Verte en Afrique
AgrilFeD	Agriculture, Femmes et Développement Durable
AMEDD	Association Malienne d'Éveil au Développement Durable
ANADER	Agence Nationale d'Appui au Développement Rural
AOC	Appellation d'Origine Contrôlée
AOP	Appellation d'Origine Protégée
APROFES	Association pour la Promotion de la Femme Sénégalaise
ARS	Assurance Récolte Sahel
A.VI.MA	Accueil Villageois Malagasy
AWA	African Women Agriculture
AWARD	Femmes Africaines dans la Recherche et le Développement Agricole
BAD	Banque Africaine de Développement
BERD	Banque Européenne pour la Reconstruction et le Développement
BIOTED	Biotourisme Equitable et Durable
CADHP	Charte Africaine des Droits de l'Homme et des Peuples
CARICOM	Communauté Caribéenne
CARIRI	Caribbean Industrial Research Institute
CCP	Critical Control Point (ou Point de Contrôle Critique), c'est un protocole

	qui définit les points critiques à maîtriser en hygiène alimentaire.
CEA	Commission économique des Nations Unies pour l'Afrique
CEDEAO	Communauté économique des États de l'Afrique de l'Ouest
CHF	Collectif Haïti de France
CIRF	Centre International de Recherches sur les Femmes
CNAAS	Compagnie Nationale d'Assurance Agricole du Sénégal
CPDC	Caribbean Policy Development Centre = Centre des Caraïbes pour la Formulation de Politiques
CREDI-ONG	Centre Régional de Recherche pour un Développement Intégré
CTA	Centre Technique de Coopération Agricole et Rurale
DAAF	Direction de l'Alimentation, de l'Agroalimentaire et de la Forêt
DD	Développement Durable
FAO	Organisation des Nations Unies pour l'alimentation et l'agriculture
FEADER	Fonds Européen Agricole pour le Développement Rural
FENESHA	Foyer des Enfants de l'Espoir d'Haïti
FFEM	Fonds Français pour l'Environnement Mondial
FIDA	Fonds International de Développement Agricole
Fig	Figure
GAEC	Groupement Agricole d'Exploitation en Commun

GCAC	Groupe de Concertation sur l'Agrotourisme au Québec
GIIF	Global pour l'Assurance Indicielle
GRAINE	Gabonaise des Réalisations Agricoles et des Initiatives des Nationaux Engagés
HACCP	Acronyme anglo-saxon signifiant « Hazard Analysis Critical Control Point » = en français « Analyse des dangers et maîtrise des points critiques »
IAA	Industrie Agro-Alimentaire
IDA	Association Internationale de Développement
IFPRI	Institut International de Recherche sur les Politiques Alimentaires
IGP	Indication Géographique Protégée
INRA	Institut National de la Recherche Agronomique
INRAE	Institut National de Recherche pour l'Agriculture, l'Alimentation et l'Environnement
IRATAM	Institut de Recherche et d'Appui Technique en Aménagement du Milieu
JOAM	Jamaica Organic Agriculture Movement = Mouvement Jamaïcain pour la Culture Biologique
JOAM	Jamaica Organic Agriculture Movement = Mouvement Jamaïcain pour la Culture Biologique
LISST	Laboratoire Interdisciplinaire Solidarités, Sociétés, Territoires
5M	Matière, Matériel, Méthode, Milieu, Moyen. C'est un diagramme en poisson qui a été inventé par le professeur Kaoru Ishikawa en 1943.
MYS	Musow Yiriwa Sènè

NID	Networked Intelligence for Development
OCDE	Organisation de Coopération et de Développement Économiques
ODD	Objectifs du Développement Durable
OMD	Objectifs du Millénaire pour le Développement
OGM	Organisme Génétiquement Modifié
OMC	Organisation Mondiale du Commerce
OMS	Organisation Mondiale de la Santé
OMT	Organisation Mondiale du Tourisme
ONG	Organisation Non Gouvernementale
ONTM	Office National du Tourisme de Madagascar
ONU	Organisation des Nations Unies
OPHDI	Oxford Poverty and Human Development Initiative
PIB	Produit Intérieur Brut
PNIA	Programme National d'Investissement Agricole
PNR	Parc Naturel Régional
PNUE	Programme des Nations Unies pour l'Environnement
RADA	Rural Agriculture Development Authority
RDC	République Démocratique du Congo
RDTR	Réseau de Développement du Tourisme Rural
RITIMO	Réseau d'Information et de Documentation pour le Développement Durable et la Solidarité internationale
RNB	Revenu National Brut
SAIN	Solidarités Agricoles Intégrées
SCEB	Société Coopérative Equitable du Bandama

THP	The Hunger Project
USA	États-Unis d'Amérique
UA	Union Africaine
UFG	Union des Femmes Guadeloupéennes
UN	United Nation (ou Nations Unies)
USAID	Agence des États-Unis pour le Développement International
VSF	Agronomes et Vétérinaires Sans Frontières
WIFA	Women in Fishing and Agriculture
WWOOFing	World Wide Opportunities on Organic Farms

I- INTRODUCTION GÉNÉRALE

Le secteur agricole est un ensemble très complexe qui rassemble diverses activités au service de l'industrie agroalimentaire (IAA). Ces activités concernent l'agriculture proprement dite ou production végétale, l'élevage, la pêche et même la chasse à des fins de production de biens alimentaires. À l'échelle de la planète, ce secteur se situe loin devant l'automobile ou l'électronique et représentait en 2014 le tiers de la valeur ajoutée économique au niveau mondial (Banque Mondiale, 2019). Selon une étude publiée par la Banque Mondiale en 2016, l'agriculture contribue à faire vivre 65 % des travailleurs adultes dans le monde.

Si nous réalisons un voyage dans l'histoire de l'humanité, certains auteurs pensent que l'agriculture est la base de la socialisation, car elle permet à l'homme de se sédentariser. Selon Ofer Bar-Yosef (1998), l'histoire de l'agriculture remonte entre 14 000 et 10 000 ans avant notre ère, avec « les natoufiens[1] » dans la vallée du Croissant fertile. Bettinger et al. (2009) pour leur part, considère que l'agriculture ne pouvait apparaître qu'à partir de 9 700 avant notre ère, car à cette période l'atmosphère terrestre était très chargée en CO_2, ce qui ne facilitait pas une productivité végétale appréciable. Pour Jean-Denis Vigne (2019), le passage de l'homme de la cueillette et de la chasse à l'agriculture proprement dite remonte aux environs de 9 500 à 8 500 avant notre ère. L'auteur se base sur les traces archéologiques des chats retrouvés à Chypre (datant de cette période) qui, selon lui, ont probablement été

---

[1] Les Natoufiens sont considérés comme les premiers agriculteurs. Ils sont connus comme les premiers avec qui l'humanité a procédé aux premières expériences de sédentarisation. Cette civilisation fut découverte en Cisjordanie où elle a été identifiée par l'archéologue britannique Dorothy Garrod en 1928.

introduits sur l'île pour lutter contre les souris et les rats qui ravagèrent les cultures.

Toutefois, ces périodes de sédentarisation agricoles sont également caractérisées par des épisodes de domestications, pratiquées à la fois pour les animaux (animaux de compagnie, animaux de ferme) et pour les végétaux (céréales, arbres fruitiers, légumineuses, tubercules, etc.). Entre 8 500 à 7 000 avant notre ère, la part de la cueillette diminue dans l'alimentation humaine et le nombre d'espèces domestiquées s'accroît de plus en plus, sans oublier l'apparition des outils qui facilitent le travail agricole. Ainsi, l'agriculture dite prémoderne remonte à -6500, où elle est marquée par l'adaptation de la pratique agricole aux climats secs et aux zones plus sèches du sud de la Mésopotamie ; de même, l'humanité commence à développer l'irrigation et l'élevage pastoral. Pour Laurent Bouby (2012), c'est à partir de -6000 que l'on assiste à la pratique agricole au service du besoin (ex. : la culture du blé tendre ou froment qui permet de fabriquer des pains de froment levés à Sumer et en Égypte). Entre -6000 à -3200, avec notamment les Égyptiens et les Sumériens, l'agriculture a connu des évolutions les plus marquantes en termes de progrès techniques afin de devenir ce qu'elle est aujourd'hui (Vigne, 2017).

Au fur et à mesure que l'humanité évolue, l'agriculture connaît de sérieuses évolutions. Que ce soit l'invention de la roue (qui facilite la diffusion et le transport des denrées sur de longues distances), l'invention de la charrue (qui facilite le travail de la terre), l'invention de l'écriture (qui facilite le transfert de connaissances agricoles), etc. En ce qui concerne la charrue, elle est considérée comme l'invention qui a changé la donne dans l'agriculture, car elle a permis d'augmenter considérablement le rendement agricole à l'hectare. Il faut se rappeler qu'à l'époque, cette agriculture permit de nourrir quelques millions d'êtres humains, mais a provoqué au cours des siècles l'éclatement de la bulle de croissance de la population mondiale (avec la charrue).

L'histoire de l'agriculture est aussi marquée par les grandes découvertes et explorations des territoires et continents par les grandes puissances maritimes à la fin du XVe siècle (découverte de l'Amérique) jusqu'au XVIIIe siècle (la découverte de l'Océanie et du Pacifique). Ces mouvements ont permis aux Européens de découvrir certaines espèces agricoles (y compris d'élevage) qui jusqu'alors leur étaient totalement méconnues (par exemple : pomme de terre, tomate, maïs, sorgho, haricots, cocotier, tabac, coton, patate douce, corossol, cacahuète, courgette, manioc, piment, poivron, bananier, topinambour, pommiers, pruniers, noyers, canne à sucre, fraisier, ananas, papayer, goyavier, avocatier, sapotillier, passiflore ou grenade, anacardier, cacaoyer, vanillier, coca, dindon, etc.)[2]. Pour diffuser ces cultures et plantes dans l'Ancien Monde, on a vu apparaître au XVIIIe siècle, en Europe, des jardins d'acclimatation (exemple : le jardin colonial de Montplaisir à Pamplemousses en 1770 ; le Jardin d'acclimatation de La Orotava à Tenerife en 1788 ; et d'autres). Toutefois, il faut noter que ces jardins d'acclimatation poussèrent également partout à travers le monde. Leur finalité était l'adaptation de certaines cultures dans les colonies (par les colonisateurs). Au final, ces cultures acclimatées sont destinées à enrichir les puissances coloniales de l'époque (exemples : le Jardin colonial des Plantes de Saint-Pierre de

---

[2]Voir : Crosby, AW (2003). *L'échange colombien : conséquences biologiques et culturelles de 1492* (Vol. 2). Groupe d'édition Greenwood. ; Nunn, N., & Qian, N. (2010). The Columbian exchange: A history of disease, food, and ideas. *Journal of Economic Perspectives*, 24(2), 163-88. ; Alan G. Morton, History of Botanical Science : An Account of the Development of Botany from Ancient Times to the Present Day, Londres, Academic Press, 1981

la Martinique 1803 ; le Jardin botanique de Bogor en 1817 ; le Jardin colonial d'Alger en 1832 et autres)[3]. Autant de mouvements qui ont contribué à l'évolution de l'agriculture dans le monde.

Par ailleurs, la révolution industrielle a également occasionné de profonds changements dans le secteur agricole. En effet, elle a révolutionné le secteur en mettant à la disposition des agriculteurs des engins mécaniques qui interviennent dans toutes étapes de la chaîne de production agricole, c'est-à-dire de la préparation des sols à la distribution des produits finis (Griffon, 2013). Ainsi, ces engins ont-ils contribué à accélérer la croissance de la production ainsi que le rendement à l'hectare, ce qui contribua par la suite à une augmentation et une diversification en quantité et en qualité des produits à consommer plus que proportionnels à la croissance et aux besoins de l'humanité.

Ainsi, les derniers progrès de l'humanité en matière du développement de l'agriculture ont été marqués par la pratique raisonnée de la fertilisation dans les années 1840, notamment avec Justus Von Liebig qui jeta les bases d'une théorie de la chimie agricole et créa les premiers engrais chimiques. Pour finir, c'est au début du XXe siècle que l'humanité a découvert les engrais azotés synthétiques à partir d'un procédé développé par Birkeland-Eyde et Haber (Dyrion, 1923).

Pour rappel, au début du XXe siècle, la population oscille à 1,8 milliard d'habitants[4]. La quantité de denrées produite

---

[3] Jean, G. (2013). *Ils ont domestiqué plantes et animaux : Prélude à la civilisation*. Quæ.

[4] Les grands problèmes de la population mondiale, *Economie et Statistique Année*, 1951 H-S pp. 3-89 :
https://www.persee.fr/doc/estat_1149-3755_1951_hos_6_1_9760 [Consulté le 23 décembre 2020]

arrivait à la nourrir sans encombre. Un siècle plus tard, cette population croit à plus de 7 milliards d'habitants et leurs modes et habitudes de consommation ont subi de profonds changements avec le temps, de même pour leurs besoins alimentaires. Sachant qu'un humain consomme environ 73 tonnes de nourriture au cours de sa vie, selon certaines projections démographiques, l'humanité comptera dix (10) milliards d'humains en 2050 (selon le un rapport publié par l'ONU en juin 2019)[5] ; la demande en viande augmenterait à plus de 70%, ce qui augmente à son tour la pression sur nos forêts (diminution des forêts) au détriment des pâturages ; aussi, il y aurait une forte compétition entre humain et animaux pour la nourriture ; sans oublier la demande en produits céréaliers pour la production de la bioénergie. De ce fait, certains experts se questionnent sur la façon de nourrir le monde en 2050. Voire sur la manière de nourrir une population toujours plus importante sans impacter l'environnement.

Pour tenter de répondre à cette question complexe, les spécialistes agricoles proposent plusieurs solutions :

a) Certains pensent qu'il faut augmenter la surface des terres agricoles. Or 80% d'entre elles sont déjà surexploitées ;

b) La solution la plus facile serait de réduire la taille des forêts pour en faire des surfaces agricoles. Mais ce n'est pas possible, car ces régions représentent le poumon de la planète, ce qui engendrerait un risque d'asphyxie – sans oublier, selon certaines projections climatiques, qu'il va y avoir deux fois plus de canicules en 2050 ;

---

[5] 10 MILLIARDS D'HUMAINS EN 2050 : CINQ CHIFFRES À RETENIR SUR LA SURPOPULATION MONDIALE, ANNONCÉE PAR L'ONU : https://www.novethic.fr/actualite/social/droits-humains/isr-rse/10-milliards-d-humains-en-2050-cinq-chiffres-a-retenir-sur-la-surpopulation-mondiale-annoncee-par-l-onu-147388.html [Consulté le 29 mai 2021]

c) Une autre solution considérée comme controversée, car tous les experts ne sont pas du même avis, serait de cultiver des OGM (Organisme Génétiquement Modifié), principalement des variétés de plantes qui sont plus résistantes et possèdent un meilleur rendement à l'hectare. Cette suggestion est contestée, car on ne connaît pas ses conséquences à long terme sur la santé… ;

d) Mieux vaudrait encore changer de régime alimentaire, en mangeant par exemple des insectes ou des algues… Là encore, même si un grand nombre d'habitants de la planète consomme déjà des insectes, il faudrait beaucoup de temps au reste de l'humanité pour s'en accommoder ;

e) La proposition la plus responsable serait d'éviter les gaspillages alimentaires. C'est d'autant plus important que, selon un rapport publié par l'Organisation des Nations Unies pour l'alimentation et l'agriculture (FAO) en 2019, les pertes et les gaspillages des nourritures destinées à l'alimentation humaine représentent près d'un tiers de la quantité produite.

Autant de propositions qui font débat sur la façon de nourrir les humains à l'avenir, de manière saine et durable. D'où la nécessité pour l'humanité de développer un nouveau modèle agricole qui soit durable. Pour certains spécialistes, c'est la pratique d'une agriculture basée sur les principes du développement durable (Vaillancourt, 2002 a fait référence au rapport Brundtland – ONU, 1987) ; une agriculture basée sur les trois piliers du développement durable, à savoir les piliers écologiques, social et économique. Ce qui augmente la demande pour les produits de qualité (dont le Bio) et engendre le développement du végétalisme. Or, développer un nouveau modèle, comme l'avaient suggéré les experts, paraît impossible pour certains pays (ex. : les pays occidentaux), car on assiste à une raréfaction grandissante des terres arables dans certains pays, voire à leur disparition totale.

Contre toute attente, la solution idéale pourrait venir du continent africain. Pourquoi l'Afrique ? Le choix de ce continent serait justifié pour plusieurs raisons : c'est le seul continent qui possède une potentialité élevée en matière agricole, car 20 % des terres émergées du globe se trouvent en Afrique ; elle conserve 65% du stock mondial de terres arables non cultivées et la moitié des terres fertiles non cultivées dans le monde se trouve dans ce continent. Malgré cette énorme potentialité, ce continent fait souvent face à des problèmes de pénuries des denrées alimentaires qui peuvent s'expliquer par plusieurs facteurs :
1) Un manque de main-d'œuvre qualifiée ;
2) La pratique d'une agriculture de subsistance mélangée à la culture sur brûlis et itinérante sur le continent ;
3) Une forte accélération de la dégradation des sols et de la désertification sur le continent ;
4) Près de 65% des terres cultivables du continent subissent des pertes en terre végétale et en éléments nutritifs ;
5) La sécheresse répétée fait souvent planer une menace de famine sur un nombre important de personnes ;
6) Le manque d'eau, voire son absence totale dans certaines zones, pour procéder à l'arrosage des cultures ;
7) Les aléas climatiques qui entravent souvent les récoltes (ex. : inondations…) ;
8) L'absence d'assurance indicielle face aux aléas du secteur (ex. : contre l'attaque des criquets, sécheresse, inondation, incendies, etc.) ;
5) D'autres problèmes d'ordre politique, social ou coutumier…
De ce fait, il est urgent d'agir, car la population africaine, qui comptait 1,3 milliard d'habitants en 2019, pourrait doubler en 2050. Or, selon certains experts, si l'Afrique ne procède pas à des changements agraires, sa production déjà insuffisante subirait une baisse de 20 % en rendement en 2050. On voit aussi apparaître un phénomène de « main

basse sur les terres africaines » de la part de grands investisseurs venus d'un peu partout (l'Europe, les États du Golfe, la Corée du Sud, la Chine, l'Inde…)[6].

Autant de difficultés qui montrent combien il est important de changer de paradigme en Afrique. Par contre, il existe certaines initiatives qui tentent d'apporter une solution au problème agricole de l'Afrique, notamment la « Déclaration de Malabo en 2014 » par l'Union Africaine (UA) pour la réduction des pertes après récolte (FAO, 2014) ; le Projet Songhaï ; les Jardins de l'Espoir... Des initiatives de certains pays du continent comme Madagascar dans son partenariat avec la société « Elite Agro LLC », le Gabon avec les efforts du gouvernement, l'introduction de nouvelles variétés de semences résistantes en Éthiopie…
Ces efforts sont pour l'instant insuffisants et ne permettent pas à l'Afrique de devenir un continent souverain sur le plan alimentaire.

À propos du problème agricole, faisons un focus sur les Caraïbes (souvent considérées comme un prolongement de l'Afrique dans le Nouveau Monde). Il est fort aisé de constater qu'il existe trop peu de surfaces agricoles utiles. De plus, c'est une zone géographique qui est souvent soumise à des aléas climatiques non négligeables (tempêtes cycloniques régulières, glissement de terrain, inondations, séismes…) sans oublier des problèmes fonciers qui existent

---

[6] Main basse sur les terres africaines ? Les acquisitions étrangères créent des opportunités, mais beaucoup y voient aussi une menace - Afrique Renouveau : Édition Spéciale Agriculture 2014 Par : Roy Laishley https://www.un.org/africarenewal/fr/magazine/%C3%A9dition-sp%C3%A9ciale-agriculture-2014/main-basse-sur-les-terres-africaines [Consulté le 4 septembre 2020]

depuis les périodes coloniales[7]. Dans le cas des Antilles françaises (ex. : Martinique, Guadeloupe), une autre situation se présente avec notamment le problème de toxicité des sols dû à l'utilisation de certains produits phytosanitaires dans les plantations de banane depuis 20 ans (ex. : le chlordécone). Que ce soient les Antilles françaises ou les autres pays des Caraïbes, tous font face à des problèmes majeurs qui entravent le développement serein de leur secteur agricole.

À la lecture des paragraphes que nous venons d'exposer, il paraît urgent de s'interroger sur la façon d'investir dans l'agriculture en Afrique et dans les Caraïbes afin de mieux exploiter les opportunités d'affaires qu'offrent ces deux territoires du point de vue agricole. C'est la raison pour laquelle nous proposons aux lecteurs, qu'ils soient professionnels, investisseurs, grossistes, agriculteurs, bailleurs de fonds ou autres, des outils pertinents à travers des indicateurs clés présentés dans ce livre autour des axes de réflexions comme : agrobusiness, agroforesterie, agrotourisme, femmes dans l'agriculture, réglementation du secteur agricole, coopératives, investissements et green-art.

Ainsi, cet ouvrage est organisé en fonction de l'articulation proposée dans les chapitres suivant ces thèmes :
- Le contexte légal du secteur agricole entre l'Afrique et les Caraïbes,
- Les voies d'entrée dans le secteur agricole africain et caribéen,
- L'agrobusiness comme perspective de solution pour l'Afrique et les Caraïbes,

---

[7] La terre, un enjeu Agriculture (2006-2009) - http://atlas-caraibe.certic.unicaen.fr/fr/page-125.html [Consulté le 12 novembre 2020]

- La place de la femme dans l'agriculture en Afrique et dans les Caraïbes,
- L'agrotourisme : entre opportunités d'affaires et sous-exploitation,
- Le green-art au cœur de l'agriculture ?
- L'agroforesterie : la solution agraire durable pour l'Afrique et les Caraïbes,
- Le financement responsable de l'agriculture en Afrique et dans les Caraïbes…

Autant de notions que ce livre vous propose de découvrir en suivant des auteurs issus de différents horizons.

Wilsonn LABOSSIERE

CONTEXTE LÉGAL DE LA PRATIQUE AGRICOLE EN AFRIQUE

Le contexte légal du secteur agricole dans les pays africains et le statut juridique des femmes africaines dans l'agriculture

Par Maître Rania FAWAZ
Avocat Associé (L&P AVOCATS) du barreau de Paris
Professeur de droit

1. Introduction

D'après un proverbe nigérian, *« Un homme qui a faim n'est pas un homme libre »*. **Ces** quelques mots résument les enjeux majeurs du continent africain sur les prochaines décennies, dans le secteur agricole : les conditions de la promotion de l'agriculture durable, l'éradication de la faim, la garantie de la sécurité alimentaire des populations et l'amélioration de leur nutrition, ou encore, l'arrêt forcé du changement climatique d'ici 2030, autant d'objectifs de développement durable (ODD) fixés par l'Organisation des Nations Unies (ONU). Pour les États africains, ils caractérisent désormais la course vers l'autonomie et la réelle indépendance de leurs économies, à travers la gestion des problématiques liées à *« l'agrobusiness »*. C'est un secteur où, désormais, les femmes jouent un rôle central et crucial qu'il est primordial d'analyser. Elles sont, en effet, incontournables, en raison de la place qui leur est souvent dévolue dans la culture des champs et le rôle qu'elles jouent dans l'approvisionnement et la vente sur les marchés locaux en Afrique, par les commerces, les points de vente et les échoppes qu'elles animent et dont elles sont propriétaires, composante, à part entière, du secteur informel.

Dans le cadre des interventions réalisées successivement le 25 mars 2020, le 29 avril 2020 et le 3 juin 2020, au sein des rendez-vous d'investissements en Afrique pour l'année 2020, organisées par BussyEducom, qui se sont penchées sur la thématique de l'agriculture responsable sur le continent africain, nous avons abordé tour à tour ces thématiques essentielles qui ont rencontré un vif succès auprès de nos auditeurs.

L'idée de réunir quelques-unes des idées échangées lors de ces conférences autour d'un livre commun nous a paru constituer l'un des moyens, pour notre collectif, de contribuer utilement à la réflexion engagée par les élites africaines sur l'édification, sur le continent, en tenant compte de la pluralité et de la diversité géographique, climatique et culturelle des pays africains, d'une agriculture responsable et respectueuse des principes de développement durable tels qu'édictés par les pays réunis sous l'égide de l'Organisation des Nations Unies (ONU).
Plus particulièrement, l'opportunité de donner un éclairage sur le (les) statut(s) juridique(s) li (é) s à ces différentes questions qui nous ont apparu indispensables à la compréhension des impacts économiques et sociétaux de « *l'agro-business* » en Afrique. Mais aussi concernant le rôle majeur que les femmes ont joué, jouent et joueront dans les villes et villages, à la promotion de cette agriculture vertueuse, sur le continent.

Les prochains développements porteront ainsi sur les thèmes abordés durant mes conférences qui se sont déroulées, en 2020, au cours d'une des périodes les plus marquantes de ce nouveau millénaire, savoir, la pandémie mondiale de Covid-19, avec l'ensemble des conséquences économiques et sociales que celles-ci vont entraîner dans le monde, savoir :

- **en première partie,** les priorités de l'Afrique pour le développement durable, rassemblées et mises en œuvre par les États, en respectant un ensemble de normes internationales et régionales édictées progressivement par les États et les organisations internationales ;

- **en seconde partie,** le statut (juridique) des femmes en milieu agricole, à travers l'analyse de différentes législations édictées dans divers pays africains (Sénégal, Côte d'Ivoire, etc.).

2. Les Priorités de l'Afrique en matière de développement durable et les adaptations législatives

« Rien n'est meilleur que l'agriculture, rien n'est plus beau, rien n'est plus digne d'un homme libre. Elle suffit amplement aux besoins de notre vie. » (Damase Potvin)

Cette citation célèbre de l'essayiste et journaliste canadien, Damase Potvin, met en exergue le défi majeur que constitue dorénavant la course à la sécurité alimentaire engagée dans plusieurs pays africains, par les États, les groupes internationaux et les organisations internationales.

2.1. Les enjeux liés à la productivité agricole et à la sécurité alimentaire sur le continent africain

Le continent africain, malgré les changements climatiques engagés, pourrait devenir le *« grenier »* du monde, notamment dans les cultures du mil, du sorgho, de l'arachide ou encore, du cacao.

La sécurité alimentaire et la productivité agricole qu'elle impose ont engagé les États africains à mettre en œuvre des politiques agricoles intensives dans certaines cultures, au détriment de la préservation des écosystèmes et des forêts et des espaces verts.

L'absence d'évolution des législations protectrices, dans plusieurs États africains, a favorisé sur le terrain la mainmise et l'achat massif de terrains et des champs agricoles par des groupes internationaux désireux d'investir en misant sur des moyens financiers importants, sur des cultures agricoles intensives avec des impacts environnementaux importants.

Dans cette agriculture moderne, l'intensification agricole est fondée non pas sur l'investissement humain, mais par les engins agricoles, nécessitant des achats et des financements importants, sans compter l'utilisation accrue d'intrants (engrais, produits phytosanitaires, matériel agricole, électricité, énergie, etc.). Autant de leviers de dépenses qui ne sont pas à la portée des populations agricoles locales, incapables, sans subventions publiques, de s'aligner sur cette concurrence venue de l'étranger.

Il s'agit de l'une des nouvelles problématiques avec laquelle l'agriculteur africain doit composer. Outre l'exode des jeunes ouvriers agricoles en direction des villes et des mégalopoles africaines, phénomène constaté depuis déjà plusieurs décennies dans différents pays africains.

Il convient de préciser plusieurs éléments factuels permettant de mieux analyser et d'appréhender la transition qui se déroule actuellement entre une agriculture traditionnelle et celle moderne, pratiquée en Europe, aux États-Unis, ou encore en Amérique du Sud.

- le secteur agraire, en Afrique, emploie plus de soixante pour cent (60 %) de la main-d'œuvre existante malgré l'exode rappelé ci-avant.

- les efforts réalisés par de nombreux pays africains n'ont toujours pas, à l'heure actuelle, suffi à garantir la sécurité alimentaire des populations ;

- la sécheresse et le réchauffement climatique sont des facteurs aggravants de cette insécurité alimentaire, la productivité agricole dépendant toujours de la fréquence des pluies. En effet, faute d'investissements suffisants (construction de puits dans les villages, réseaux des eaux déficients et vétustes, etc.) l'eau est toujours, une ressource insuffisante et mal contrôlée.

- la menace d'une augmentation des importations alimentaires, l'exploitation accrue des terres agricoles pour la production de biocarburants, les subventions des pays riches à leurs propres agriculteurs entraînant une baisse significative des prix des produits agricoles écoulés sur les marchés internationaux nuisent durablement à la sécurité alimentaire des pays africains.

Tels sont les enjeux et les défis majeurs auxquels l'Afrique est désormais confrontée dans le cadre de ce passage, ô combien difficile, vers une agriculture moderne qui devra, nous l'espérons, être tournée vers l'intensification des cultures afin d'améliorer sa productivité agricole pour atteindre l'un des objectifs de développement durable (ODD) assignés par l'Organisation des Nations Unies (ONU). Tout en ayant à cœur de construire un modèle d'agriculture biologique et vertueuse, tourné vers la préservation des écosystèmes et, plus généralement, de la faune et de la flore africaine.

2.2. L'édiction des prescriptions législatives protectrices mises en œuvre pour lutter contre les dégradations écologiques, sauver les forêts et les habitats naturels

Quelques chiffres concernant les dégradations écologiques sont assez édifiants :

- L'Afrique perd quatre (4) millions d'hectares de forêts par an, soit deux fois plus que la moyenne mondiale, ce qui permet de mesurer l'ampleur de la déforestation en Afrique. Étant observé que les arbres de forêts sont détruits afin de construire des habitations ou produire du charbon de bois, ce qui réduit l'habitat de nombreuses espèces animales.

- D'après le Programme des Nations Unies pour l'Environnement (PNUE), sur environ la moitié des régions boisées africaines, cinquante pour cent (50 %) des terres africaines ont été dégradées, converties en zones cultivées ou urbanisées.

- L'Afrique dispose encore de deux (2) millions de kilomètres carrés de régions protégées.

- Les zones côtières restent confrontées à des problèmes environnementaux liés à l'extraction minière et pétrolière qui dégradent fortement les écosystèmes, mais aussi à une pêche incontrôlée, à une mauvaise gestion des mangroves et au développement des côtes.

Ces facteurs bien connus fragilisent durablement l'agriculture en Afrique en accélérant les dégradations écologiques.
Les États africains ont tenté de se doter de législations plus protectrices, comme cela sera évoqué ci-après, à savoir :

- **en Afrique centrale**, le Cameroun a adopté une législation moderne plus adaptée aux défis du reboisement et de la lutte contre la déforestation « sauvage » avec la loi n° 94-01 du 20 janvier 1994 portant régime des forêts, de la faune et de la pêche[8].

- **En Afrique de l'Ouest**, le Sénégal, à travers l'adoption de la loi n° 98-03 du 8 janvier 1998, a permis l'entrée en vigueur d'un nouveau Code forestier dotant les autorités de moyens et outils légaux visant à protéger les parcs nationaux, forêts et espaces protégés[9].

Néanmoins, un bémol s'impose sur cet effort réglementaire des États, car il s'agit d'une réponse insuffisante. En effet, comme tout outil législatif, lesdites dispositions protectrices n'ont d'efficacité que s'il existe une réelle volonté politique et sociale de les mettre en œuvre sur le terrain, avec des objectifs affichés en pratique.

Les experts sont unanimes pour considérer que les efforts des populations locales à lutter contre cette déforestation demeurent, largement, insuffisants.

Pour d'autres États africains, comme la Côte d'Ivoire, les efforts législatifs pour se doter d'une réglementation moderne et adaptée aux nouveaux défis de ce siècle ne sont pas au rendez-vous puisque la réglementation applicable aux forêts demeure, largement sous l'empire de la loi n° 65-425 du 20 décembre 1965 du Code forestier, malgré quelques améliorations législatives.

---

[8] LOI N° 94-01 DU 20 JANVIER 1994 - PORTANT RÉGIME DES FORÊTS, DE LA FAUNE ET DE LA PECHE, http://extwprlegs1.fao.org/docs/pdf/cmr4845.pdf [Consulté le 28 mai 2021]

[9] Loi n°98/03 du 8 janvier 1998 et décret 98/164 du 20 février 1998. https://www.sec.gouv.sn/code-forestier [Consulté le 28 mai 2021]

La situation de la protection des forêts, parcs et territoires protégés comme les écosystèmes, demeure donc très préoccupante, la réponse législative et politique apportée par les gouvernements africains restant, largement en deçà des attentes posées par les objectifs de développement durable (ODD) adoptés par l'ONU et par la Conférence de Paris de 2015 sur les changements climatiques censés porter un coup d'arrêt au réchauffement climatique en 2030.

3. Le rôle et la place des femmes au sein de l'agrobusiness en Afrique

Dans un second temps, et dans le cadre de notre cycle de conférences, nous avons trouvé judicieux de nous pencher sur le rôle joué par les femmes et sur leur situation précaire, dans ce secteur agricole. En effet, même si elles y jouent un rôle essentiel et, malgré les efforts des ONG et des acteurs sociaux, elles demeurent particulièrement *« marginalisées »* au profit de leurs époux, pères et fils, dans le système traditionnel et coutumier d'appropriation et de transmission des terres agricoles africaines.

En Afrique subsaharienne, quatre-vingts pour cent (80 %) des denrées alimentaires destinées à la consommation des ménages et à la vente sur les marchés locaux sont produits par les femmes, selon un rapport de la banque mondiale et de l'ONU, pour l'alimentation et l'agriculture (FAO).
Dans le cas de cultures comme le blé, le riz ou le maïs, qui représentent environ 90 % de la nourriture consommée par les habitants des zones rurales, les femmes réalisent la plupart des tâches agricoles usuelles (plantage des graines, désherbage, récolte des produits agricoles, etc.).
Ainsi, l'activité agricole occupe une place importante des occupations des femmes africaines. Mais contrairement aux hommes, les agricultrices n'ont qu'un accès limité aux

ressources productives et aux services indispensables à tout exploitant agricole (matériel, terrains, semences, ouvriers, etc.).

Une femme, en Afrique, a moins de chances qu'un homme d'être propriétaire d'un bien foncier ou de bétail, d'adopter et d'être formée à de nouvelles technologies, d'avoir accès au crédit ou à d'autres services financiers.

En l'occurrence, le système coutumier en vigueur dans les différents États africains ainsi que les normes sociales contraignantes limitent fortement leurs chances en qualité d'exploitantes agricoles et, par là même, leur productivité agricole, ce qui constitue un frein non négligeable au développement d'une agriculture durable et biologique.

En effet, l'accès à la terre est un préalable fondamental à toute activité agricole et dans bien des régions africaines, la maîtrise et la transmission de celles-ci sont synonymes d'un statut et d'une richesse non négligeable pour celui qui en hérite.

Ce ne sera qu'en soutenant au sein des sociétés africaines, l'accès des femmes aux actifs fonciers et à la propriété, par la négation progressive du droit coutumier et religieux, au profit de l'adoption d'une législation moderne plus adapté aux nouveaux enjeux sociétaux, qu'il sera possible de renforcer le statut de la femme africaine et son influence au sein des ménages et des communautés africaines.

À titre d'exemple, en examinant la *« base de données genre et droit à la terre FAO » (FAO, 2011)* regroupant des données exhaustives concernant l'accès des femmes aux terres cultivables, il appert que la femme africaine a moins de chances qu'un homme d'être propriétaire ou exploitante de parcelles agricoles ou de prendre des terres en location et que si tel est le cas, celle-ci se verra attribuer, au village, des parcelles de terre de moindre qualité ou plus exiguës (FAO, 2011).

La question qui se pose dès lors de manière plus générale est de savoir si les États africains ont voulu apporter une réponse significative, à travers des législations protectrices, au déséquilibre et aux inégalités significatives constatées entre les femmes et les hommes, dans les diverses régions africaines, en raison des systèmes traditionnels et coutumiers régissant encore, dans diverses régions africaines, le statut personnel et marital des individus.

Déjà, les différents États africains sont dotés de constitutions qui affirment, pour la plupart, leur attachement aux libertés fondamentales inscrites dans la Déclaration universelle des Droits de l'Homme du 10 décembre 1948, à la Charte des Nations Unies et surtout, à la Charte Africaine des Droits de l'Homme et des Peuples (CADHP), signés le 26 juin 1986 et ratifiés par la quasi-totalité des États (article 18).

L'article 18 de la CADHP impose aux États africains l'obligation précise de veiller à l'élimination de toute discrimination envers la femme.

La plupart des États africains ont également ratifié les conventions internationales relatives aux droits de l'homme et des libertés, plus particulièrement :

- la Convention des droits politiques de la femme adoptée en 1952 ;
- le Pacte international relatif aux droits civils et politiques de 1966 ;
- la Déclaration de Mexico sur l'égalité des femmes et leurs contributions au développement et à la paix de 1975 ;
- la Convention sur l'élimination de toutes les formes de discrimination à l'égard de la femme de 1978.

Des États africains affirment également, en préambule de leurs constitutions, les principes d'égalité et de liberté entre tous les citoyens : fille et garçon, homme et femme.

- comme le Burkina Faso, le texte constitutionnel rappelant, en son article 1 alinéa 3, la prohibition de toutes formes de discrimination,
- ou encore, l'Ouganda dont le texte fondateur, en son article 33, pose expressément que *« les femmes auront droit à l'égalité des traitements avec les hommes, et ce droit comprendra l'égalité des chances par rapport aux activités politiques, économiques et sociales. »*

Dès lors, il est envisageable d'affirmer que les instruments internationaux, régionaux et nationaux ont été intronisés, ratifiés et mis en œuvre pour assurer l'égalité des droits de la femme dans l'exercice de ses droits civils, politiques, économiques et sociaux, à l'égard des hommes.

De même, il est à noter une jurisprudence significative en termes d'avancée des droits de la femme, au Cameroun notamment, sur la discrimination existante entre les femmes et les hommes, sur les réglementations qui désavantagent systématiquement les femmes, en matière de succession au profit des hommes, les privant d'un capital foncier.

La Cour Suprême du Cameroun a affirmé que *« la règle discriminatoire de la coutume qui prive les femmes de leurs droits successoraux viole le principe de l'égalité de l'homme et de la femme proclamée par la constitution. (Toukam, 2003)*[10]*»*

Des États africains ont également adopté des législatives punitives et restrictives à l'égard des sévices pouvant être commis à l'égard des femmes, notamment en milieu rural,

---

[10] Toukam, J. N. (2003). Les droits des femmes dans les pays de tradition juridique française. *L'Année sociologique*, 53(1), 89-108. ; *CSCO arrêt n° 31/L du 15 janvier 1964 ; arrêt n° 65 du 19 mai 1964 ; arrêt n° 96 du 11 mars 1969 ; arrêt n° 42/L du 9 mars 1978, Bull. p. 5602.*

comme au Burkina Faso qui sanctionne le trafic des femmes et l'exploitation de la prostitution des femmes, sous les articles 424 à 426 de son Code Pénal.

Ces législations constituent une avancée notable pour lutter contre les discriminations multiples et variées rencontrées par les femmes dans le secteur agraire, mais ne sont pas, là encore, suffisantes pour combler le fossé hommes-femmes existant à l'heure actuelle en raison des blocages sociétaux, du faible investissement des États dans les politiques d'éducation des filles, des instabilités politiques et des guerres existantes dans certaines régions africaines (entraînant des déplacements de population ou encore, des prises d'otages des femmes dans les milieux ruraux). Ou de l'existence, par exemple au Soudan, de phénomènes incontrôlés comme l'esclavage sexuel ou domestique, en Mauritanie ou dans les pays du Maghreb.

L'ensemble de ces facteurs constituent une source d'insécurité et de préoccupation certaine pour la situation des femmes rurales en Afrique, malgré les évolutions notables des législations africaines.

La réalité du terrain rend indispensables l'aide et l'action des ONG sur le terrain sans lesquelles la situation ne ferait que s'aggraver.

Il est à louer ainsi une (des) initiative de « *Labels de mode* » lesquels utilisent les compétences acquises par les femmes rurales, notamment dans le tissage ou dans la teinture, pour lancer des modèles de « business » vertueux **prônant les principes du commerce équitable avec un accent sur la réduction de la pauvreté et l'autonomisation des femmes africaines en milieu agricole.**

Une initiative louable du label de mode *« Maisha »,* en Tanzanie, auprès de femmes rurales, a été mise en œuvre, dans cette perspective, en utilisant leurs ressources traditionnelles acquises dans le tissage des tissus, pour leur permettre, à travers ce modèle de commerce équitable, de gagner des revenus financiers non négligeables pour celles-ci, qui sont réinvestis dans leurs modèles d'agriculture traditionnelle.

4. Conclusion

Les Objectifs de Développement durable tels que fixés par l'ONU semblent, à la lecture de ces constats, difficilement atteignables en l'état.

Certes, les États et gouvernements africains tendent à réformer et à combler graduellement, au fur et à mesure des décennies, les discriminations subies par les femmes en milieu agraire.

Il n'en demeure pas moins que les réalités sociétales, les guerres, l'instabilité politique et désormais, sanitaire, vécue notamment en raison de la pandémie mondiale de Covid-19, aggravent considérablement le statut de la femme rurale en milieu agricole en Afrique.

Ce n'est à notre sens que par une réelle volonté de mener une politique anti-discrimination favorisant l'un des principaux acteurs du milieu agricole africain que les États et gouvernements africains pourront renforcer sur le terrain leurs productivités agricoles et, par là même, la sécurité alimentaire de leurs populations, avec des leviers de formation et d'éducation des jeunes filles et jeunes garçons en milieu rural, mais aussi par une politique plus audacieuse visant à favoriser et à faciliter l'accès à la terre aux exploitantes agricoles (que ce soit par une réforme des législations africaines sur la succession, souvent régie par le droit coutumier ou religieux, ou encore par une lutte contre les sévices faits aux femmes – prostitution, esclavage sexuel ou domestique, etc.).

Ce n'est qu'au prix de telles politiques drastiques favorisant l'accès des femmes à l'éducation et à la terre que les États africains gagneront les défis majeurs du développement durable au 21ᵉ siècle.

LA PLACE DE LA FEMME DANS L'AGRICULTURE EN AFRIQUE ET DANS LES CARAÏBES

La femme dans l'agriculture en Afrique et dans les Caraïbes : État des lieux et Perspectives

Par Isabelle BLOT
Consultante indépendante en psychologie positive
et égalité dès l'enfance & conférencière

1. Introduction
« Où sont les hommes sur la Terre ? »
Voilà le titre d'un cours de géographie tel qu'énoncé en classe de 6e.
« Où sont les femmes ? »
La question n'est pas abordée.

Ainsi peut se résumer l'approche systémique, systématique, qui consiste à ne pas nommer, ne pas penser l'autre moitié de l'humanité. Car ce qui ne s'écrit pas ne se dit pas, n'existe pas.
Comme le précise Nicolas Boileau-Despréaux (1674), homme de lettres français du Grand Siècle, *« Ce que l'on conçoit bien s'énonce clairement, et les mots pour le dire arrivent aisément »*[11].
Ainsi, n'étant pas citée, l'existence des femmes sur la terre même ne serait pas conçue.
Aujourd'hui, au 21e siècle, l'on recense seulement 6 % de femmes dans les livres scolaires. Or, les femmes produisent de 60 à 80 % des aliments dans la plupart des pays en développement et sont responsables de la moitié de la production alimentaire mondiale. Pourtant, leurs rôles clé de productrices, pourvoyeuses de vivres et leur contribution

---

[11] Boileau-Despréaux, N. L'Art poétique (1674), ed. Jean-Clarence Lambert and François Mizrachi (Paris: Union Générale, 1966).

vitale à la sécurité alimentaire du foyer n'ont commencé à être perçus que récemment.

Dans ce cadre, quelle est la place des femmes dans l'agriculture ? Ce chapitre se propose de poser les termes de l'étude différemment.

En effet, il ne s'agit pas tant de se demander où peuvent bien-être les femmes, car elles sont déjà là depuis bien longtemps et nourrissent la population mondiale. La question réelle est ailleurs et consiste davantage à libérer les femmes des entraves qui leur sont imposées.
Et ce également, en amont de la filière agricole, en recherche.

Nous verrons le potentiel intellectuel existant qui est empêché, au grand risque de la survie de l'espèce, de crise alimentaire mondiale (2006-2008) en crise économique, de répartition inégale des ressources alimentaires en danger climatique, avec une agriculture à l'origine de près d'un quart des émissions mondiales de gaz à effet de serre lorsque l'on prend en compte la déforestation.

Nous allons traverser différentes notions que vous aurez le loisir de développer au moyen de la bibliographie présentée.

2. Histoire ou histoire de préjugés et d'une prise de conscience
Dans l'Histoire, les préjugés ont grandi et rétrécissent de moitié la consistance du passé humain, de la pensée humaine. Les récits historiques, indigestes, sont contraires au fondement même du métier d'historien : éthique. Il se doit d'être à la fois scientifique et exhaustif pour rapporter

des faits passés catégorisés, produire une interprétation modérée et justifiée.

À quelles fins avons-nous vécu cette manipulation de l'Histoire si puissante qu'elle en a biaisé pour des siècles le raisonnement humain, la capacité à concevoir, rechercher la moitié de l'humanité pourtant majoritaire en nombre : les personnes nées d'un sexe qui se voit vêtu de la construction sociale du genre féminin : invisibles, non contributives ? Le résumé du livre *La querelle des femmes ou « n'en parlons plus »* d'Eliane Viennot[12] (2019), professeure de littérature française et historienne de la Renaissance à l'université Saint-Étienne, membre de l'Institut universitaire de France, est explicite.

« À partir de la fin du Moyen Âge, l'Europe et en particulier la France, fut le théâtre d'une gigantesque polémique sur la place et le rôle des femmes. Feutrée ou violente, la querelle en appelle à la raison ou aux émotions, s'exprime en traités, pamphlets, œuvres d'art... et porte sur tous les sujets, du pouvoir aux relations amoureuses en passant par le travail, le mariage, l'éducation, le corps, l'art, la langue, la religion. Cette histoire s'est développée en écho aux efforts visant à empêcher ou à faciliter l'accès des femmes et des hommes aux mêmes activités, aux mêmes droits, à la même reconnaissance. Elle a durablement formaté nos sociétés et nos esprits quant aux manières de penser. »

À l'heure de la survie, historien.ne.s, sociologues et anthropologues proposent d'autres vérités afin de comprendre, restaurer, penser autrement.

---

[12] Viennot, É. (2019). *La Querelle des femmes, ou « N'en parlons plus »*. *Donnemarie-Dontilly : Éditions iXe*.

Ainsi, Annie Rieu (2004), sociologue, membre du groupe de recherche sur l'évolution des milieux agricoles et ruraux du CNRS, précise dans son article les résultats d'un corpus de recherches mondiales depuis 1982 sur les femmes dans les transformations majeures du monde agricole. « [...] *Mais les diverses recherches menées sur différents terrains ruraux avec une problématique du « genre » montrent la difficulté pour les femmes de construire une identité professionnelle individuelle, dans un modèle d'agriculture toujours basé sur le paradigme du métier de couple. En effet, les résistances à l'égalité des sexes perdurent dans la profession agricole, alors que du côté des couples agricoles, on note une évolution dans les rapports sociaux de sexe un peu plus rapide »*[13].

Une population de chasseurs-cueilleurs au Congo (Mbendjele BaYaka) a été, avec celle des Agtas aux Philippines, le centre d'une étude anthropologique dirigée par Mark Dyble, anthropologue du University College de Londres, vise à démontrer que l'inégalité des sexes est née de l'agriculture moderne, de l'accumulation des ressources, l'égalité sexuelle étant un atout facilitateur de l'évolution, des relations sociales.
« *L'égalité des sexes est l'un des chaînons d'une suite importante de modifications de l'organisation sociale, comme l'union monogame, les cerveaux développés, le langage, et tout ce qui distingue les humains du reste de la faune. C'est une question importante qui n'a pas vraiment été étudiée jusqu'à présent »*[14].

---

[13] Annie Rieu, *Agriculture et rapports sociaux de sexe, la « révolution silencieuse » des femmes en agriculture*, Cahiers du Genre 2004/2 (n° 37), pages 115 à 130.
[14] Égalité des sexes à la préhistoire... selon les pratiques des chasseurs-cueilleurs actuels ! (19 mai 2015)
https://www.hominides.com/html/actualites/egalite-sexes-prehistoire-0924.php [Consulté le 25 mai 2021]

En 2017, Brice Louvet, rédacteur en sciences, est l'auteur d'un article sur la découverte des restes vieux de 7700 ans de deux chasseuses-cueilleuses et relate les résultats de l'étude d'Andrea Manica, Professeure en zoologie à l'Université de Cambridge[15].

Ainsi donc, les femmes sont de fait présentes dans l'agriculture depuis au moins 7700 ans.

3. Place des femmes
L'enjeu selon la Banque Mondiale est de réduire la pauvreté, améliorer la malnutrition et répondre la sécurité alimentaire pour 80 % de la population pauvre mondiale (Banque Mondiale, 2019)[16].

Dans ce cadre, quelle place pour les femmes dans l'agriculture en Afrique ?

La question est officiellement posée au 21e siècle par l'avènement de l'agriculture responsable, écologique, au septième Forum sur la révolution verte en Afrique, organisé par l'Agra (Alliance pour une révolution verte en Afrique). L'Agra a pour mission de promouvoir le développement économique du continent dont le rôle des femmes dans l'agriculture et la transformation des récoltes.

---

[15] Brice Louvet (2017), Deux chasseuses-cueilleuses retrouvées dans une grotte se révèlent étroitement liées à la population moderne, 5 février 2017 ; https://sciencepost.fr/deux-chasseuses-cueilleuses-retrouvees-grotte-russe-se-revelent-etroitement-liees-a-population-moderne/ [Consulté le 25 mai 2021]
[16] Banque Mondiale (2019), Agriculture et alimentation ; https://www.banquemondiale.org/fr/topic/agriculture/overview [Consulté le 25 mai 2021]

Les femmes nourrissent le continent africain en produisant 80 % des denrées alimentaires (Nirit Ben-Ari, 2014)[17].

Si les ouvrières agricoles comptent pour 90 % au Rwanda et au Burkina Faso, des femmes juristes, médecins ou comptables ont fait le choix de s'orienter dans l'agroalimentaire, en Côte d'Ivoire, au Mali, ou au Cameroun, tel que reporté par l'AFP (16 décembre 2016)[18].

Fin 2016, dans un colloque parisien au siège de l'OCDE, des directrices de coopératives sont venues pour témoigner de leur parcours, de leurs initiatives.
Telle Wony Tieminta, juriste et secrétaire administrative reconvertie dans la pisciculture, la culture de mil et le maraîchage au Mali, présidente de la coopérative Femmes en action qui transforme le fonio en gâteau précuit ou en farine. « […] *les femmes ont encore beaucoup de problèmes pour l'accès au foncier, l'accès au crédit, c'est parfois décourageant* » (Akwoue, 2020, p.145).
Au Cameroun, Christine Njole Ndoumbe, médecin-urgentiste, a rejoint le groupement de poivre de Penja de 300 femmes (pépiniéristes, producteurs et distributeurs) tandis qu'Estelle Ado, qui dirige depuis 2012 une coopérative de cacao de 1800 producteurs, insiste sur l'héritage. « *Au début, les femmes n'avaient droit à aucune terre par héritage, nous nous sommes battues collectivement pour qu'on nous accorde des parcelles, et*

---

[17] Nirit Ben-Ari (2014), L'agriculture une affaire de femmes, *Afrique Renouveau : Édition Spéciale Agriculture*, UN 2014 ; www.un.org/africarenewal/fr/magazine/%C3%A9dition-sp%C3%A9ciale-agriculture-2014/l%E2%80%99agriculture-une-affaire-de-femmes [Consulté le 25 mai 2021]
[18] AFP (16 décembre 2016), La femme est l'avenir de l'agriculture ; www.terre-net.fr/actualite-agricole/economie-social/article/la-femme-est-l-avenir-de-l-agriculture-202-124326.html[Consulté le 25 mai 2021]

maintenant nous avons des rendements supérieurs aux hommes parfois » (*AFP, le 16 décembre 2016*).

Dans son article publié le 7 mars 2017 sur le site internet de Voa Afrique, Nastasia Peteuil présente les nombreux défis posés aux femmes africaines[19]. Cette publication salue la Journée internationale des Droits des femmes et est orientée sur le monde du travail et la parité 50-50 en 2030. Ceci est d'autant plus important que l'accès à l'éducation est très inégal selon les pays (28 millions de filles en âge d'être scolarisées ne le seront jamais ; pourtant, selon l'Unicef, la scolarité primaire de toutes les jeunes filles sauverait 50 000 vies).

Le tableau est édifiant : en second plan, elles passent inaperçues, n'ont pas d'appui des services de vulgarisation agricole pour la recherche et l'innovation. Pourtant, selon la FAO, les femmes produisent plus de 50% de l'alimentation agricole mondiale et représentent 60 à 80% de la main-d'œuvre en Afrique subsaharienne[20].

Dans la réunion à son initiative, "Aux côtés des femmes rurales, intensifions nos efforts pour en finir avec la faim et la pauvreté", la FAO confirme : *« Permettre aux femmes de participer plus efficacement aux activités agricoles revient à réduire le nombre de personnes souffrant de la faim et de la malnutrition sous toutes ses formes. Cela entraîne aussi une amélioration du bien-être des enfants et des familles, qui contribue à la formation du capital humain des*

---

[19] En chiffres : La place des femmes en Afrique par Nastasia Peteuil le 07 mars 2017 ; www.voaafrique.com/a/en-chiffres-la-places-des-femmes-en-afrique/3753830.html [Consulté le 25 mai 2021]
[20] Voir : La contribution des femmes à la production agricole et à la sécurité alimentaire : situation actuelle et perspectives in *Genre et sécurité alimentaire de la FAO*, www.fao.org/3/x0233f/x0233f02.htm [Consulté le 25 mai 2021]

générations futures et à la croissance économique à long terme »[21].

Farnworth, Cathy, et al. (2013) précisent qu'il convient de relier la productivité inférieure des femmes à leur accès limité aux ressources (terre, crédits, machines, systèmes d'irrigation, semences…). Ce point de vue est partagé par le Centre International de Recherches sur les Femmes (CIRF).
Par ailleurs, les banques peuvent exiger la présentation d'un garant masculin, de savoir lire et écrire (FAO, 2009).

3.1. En Afrique

Guétat-Bernard (2015), met en miroir les contextes de la région Sud-Ouest française avec celle de l'ouest du Cameroun pour apprécier les innovations féminines en agriculture.

« Le contexte actuel autour de l'agro-écologie constitue un moment opportun pour reconnaître les compétences et les savoirs féminins. La défense d'un autre modèle productif est soutenue par les mouvements des femmes tout en étant associée à une demande d'égalité des droits »(ibid).
Constructions sociales, les rôles, le genre s'ancrent dans des rapports de pouvoir, de hiérarchisation du masculin sur le féminin, hiérarchisation posée par l'homme, non par la nature. Ce qui a de fortes incidences sur la répartition des activités, l'accès aux savoirs socioculturels, économiques ; mais qui signifie également que cette organisation peut être modifiable, pour légitimer chacun.e. et permettre une

---

[21] Voir : Aux côtés des femmes rurales, intensifions nos efforts pour en finir avec la faim et la pauvreté, www.fao.org/about/meetings/rural-women-end-hunger/about-the-event/fr/ [Consulté le 25 mai 2021]

évolution en production, transformation, conservation, distribution.

Elle reprend un point qui grève encore actuellement les femmes en agriculture : l'intrication des sphères reproductives familiales, et productives professionnelles (Barthez, 1982 ; 2005), en reprenant les propos de Guétat-Bernard (2015) dans l'article « Travail des femmes et rapport de genre dans les agricultures familiales : analyse des similitudes entre la France et le Cameroun » :

« *Les tâches féminines sont désormais qualifiées de reproductives : parce que hors marché, ces activités, à la lecture des nouvelles normes qui s'imposent, ne bénéficient pas du qualificatif de « travail » et pâtissent d'un manque de reconnaissance économique et symbolique (en faisant référence à Delphy, 2001 et Lagrave, 1987). En conséquence, en agriculture comme dans d'autres domaines d'activités, de nombreuses tâches des femmes sont invisibilisées et qualifiées « d'aides » par les femmes elles-mêmes, y compris lorsqu'elles sont stratégiques comme la tenue des comptes de l'exploitation* ».

Être agriculteur semble se conjuguer au masculin alors que le Groupement Agricole d'Exploitation en Commun (GAEC) permet aux femmes de s'installer seules ou avec un. e. associé. e. n'étant pas leurs maris, en parallèle des mouvements d'égalité et d'individualité. Cette évolution des droits des femmes a facilité leurs innovations organisationnelles (coopération, diversification, valorisation en proximité…).

Les femmes agréent des modèles plus sociétaires en revendiquant l'accès au foncier des terres en tant que source d'égalité et de statut (Diop Sall, 2011), à la formation, l'amélioration des compétences techniques. L'offre de formation reste encore sexuée dans les lycées agricoles en France, tandis qu'au Cameroun, les nouveaux groupements paysans féminins permettent des échanges de semences et de conseils techniques.

L'ergonomie des outils et des machines reste un élément de taille en raison de la nécessaire contestation des rapports de pouvoir, dont le genre, bien que certains stéréotypes s'effritent en voyant les femmes conduire de grosses machines.

Sur ce point, l'agro-écologie apporte une ouverture avec une analyse plus systémique genre/agriculture/environnement/politique.

En France, en 2018, sont parus les premiers chiffres permettant de visibiliser les femmes dans l'agriculture biologique grâce à l'enquête réalisée conjointement par l'Agence Bio et la FNAB : 10 000 agricultrices bio = 1/3 de l'ensemble du secteur (fermes de 50 hectares en moyenne, d'âge moyen 45 ans). 46 % sont cheffes d'exploitation contre 13 % seulement en agriculture traditionnelle, 60 % en reconversion depuis les métiers tertiaires (enseignantes, formatrices, services à la personne) ou connexes (agronome, commerciale, biologiste, chargée de gestion des déchets), 18 % sont pluriactives, prévalence de la polyculture-élevage à 46 % et du maraîchage à 45 %.

En Afrique, les femmes sénégalaises de Gapakh et de Dinguiraye ont investi l'agriculture biologique maraîchère en coopérative, vendue sur les marchés[22]. Elles ont été soutenues en 2016 et en 2017 par Carrefour International et

---

[22]Voir L'AGRICULTURE BIOLOGIQUE AU SERVICE DES FEMMES SÉNÉGALAISES ; https : //cintl.org/fr/stories/lagriculture-biologique-au-service-des-femmes-senegalaises/ [Consulté le 27 mai 2021]

l'Association pour la Promotion de la Femme Sénégalaise (APROFES).

Tout en préservant l'environnement et la sécurité alimentaire, l'agriculture biologique au Sénégal permet aux femmes d'améliorer leurs revenus quand trois femmes sur cinq doivent vivre avec moins de 1 dollar par jour, soit en dessous du seuil de pauvreté.

3.2. Aux Caraïbes

Marina Ogier, responsable des programmes « Amérique latine caraïbes » pour Care France, partage cet isolement, cette discrimination des femmes en milieu rural, dans l'accès aux opportunités/ressources/moyens/outils/techniques/terres/formations. Ce qui les soumet davantage à la météorologie qu'elles ne peuvent anticiper et à la production vivrière familiale générant très peu de revenus. Ainsi, elles cultivent des parcelles plus petites que celles des hommes, privilégient la diversification des productions pour exploiter au mieux l'espace et développent des savoir-faire dans l'identification, la conservation, la diffusion et la transformation de la production agricole pour éviter le gaspillage[23].

Les agricultrices ont approfondi leurs connaissances en agriculture biologique et engrais verts, les matériaux naturels comme le piment, les feuilles de thé, le fumier organique ou encore des résidus de nourriture, des peaux de

---

[23] Fondation RAJA-Danièle Marcovici (2015), Femmes & agriculture dans les pays en développement, INTERVIEW DE MARINA OGIER, 14 octobre 2015, https : //www.fondation-raja-marcovici.com/actualites/femmes-agriculture-dans-les-pays-en-developpement.html [Consulté le 27 mai 2021]

bananes et sont devenues autonomes dans leur production maraîchère biologique. *« Des femmes entrepreneures se font une place dans un secteur agricole caribéen dominé par les hommes. Ces passionnées créent des emplois et participent à la sécurité alimentaire en produisant des aliments locaux durables. 20 % de la main-d'œuvre agricole (contre 43 % en moyenne pour l'ensemble des pays en développement) et, selon la FAO, ne reçoivent que 10 % de l'aide mondiale totale pour l'agriculture, la pêche et la sylviculture »*[24].

Limitées jusque-là à faire les marchés, les femmes investissent des chaînes à valeur inclusive et agricole supérieures, participant du développement de l'agrobusiness dans les produits de la mer, les produits agroalimentaires, ainsi que celui des associations qui mettent en avant les initiatives des femmes, les encouragent, telles African Business Roundtable (ABR) et Women in Fishing and Agriculture (WIFA) fondées par Allison Butters-Grant, PDG de Global Seafood Distributors, engagée pour la valeur ajoutée circulaire avec les pêcheurs artisanaux ou les communautés.

"Les femmes contribuent de manière essentielle à l'industrie des produits de la mer par leurs activités dans les secteurs primaire et secondaire de la pêche, mais cette implication retient peu l'attention au Guyana parce qu'elles occupent surtout des postes à faible salaire dans la transformation du poisson » (ibid).

---

[24] Natalie Dookie (2017), Les femmes caribéennes, une autre approche de l'agrobusiness in Leaders de l'agrobusiness : les femmes mènent l'innovation agricole,
https://cgspace.cgiar.org/bitstream/handle/10568/90066/Spore-187-FR-WEB.pdf [Consulté le 27 mai 2021]

La question des bas salaires pour les femmes reste récurrente, y compris lorsque leurs productions/innovations/valeur ajoutée participent de l'augmentation de 17,5 % du secteur ! (Banque du Guyana, 2016).

Autre exemple de dynamisme entrepreneurial, Katherine Bethel, qui a fondé B's Homemade Ice Cream (Trinité-et-Tobago) il y a plus de 30 ans. Elle a été soutenue par son mari, par le Caribbean Industrial Research Institute (CARIRI) auquel elle s'est affiliée et par sa capacité à faire du lien, créer réseaux et partenariats avec les petits agrotransformateurs pour travailler local ensemble, répandre des formations diplômantes (2e et 3e cycle). Elle coache également les microentreprises (Natalie Dookie, 2017).

Les Caraïbes font face à des changements climatiques violents (Bouchard, Christian, et al., 2011). À partir de 2013, les exploitations agricoles ne comptaient plus que 40 000 personnes (Antilles, La Réunion et Guyane), soit une diminution de 6 % à 12 % pour les plus grandes structures comparativement à 2010 :

- Chef d'exploitation, coexploitant ou associé : 57 %, contre 68 % en métropole,
- Exploitations individuelles d'outre-mer : 27 %,
- Salariés permanents : 16 % (en recul au profit du statut dirigeant).

Les femmes représentent 22 % des exploitants en outre-mer, contre 27 % en métropole, 54 % en Guyane et moins de 20 % en Martinique et à la Réunion.

Ces données chiffrées semblent être restées stables de 2010 à 2013 et attester une certaine visibilité économico-sociale, sans pour autant nous permettre de confirmer une légitimation.

La Guyane affiche le nombre le plus important de cheffes d'exploitations de moins de 40 ans à 60 ans, à la fois en 2010 et en 2013.
La lisibilité des actifs-chefs d'exploitation dirige principalement vers l'élevage bovin-lait (18 %), les cultures céréalières et industrielles (16.5 %), les cultures et les élevages non spécialisés (13 %).

Par exemple, la cheffe du poste frontalier à la Direction de l'Alimentation, de l'Agroalimentaire et de la Forêt (DAAF) Guadeloupe est également Présidente de l'Union des Femmes Guadeloupéennes (UFG) dédiée aux actions pour les femmes depuis sa création en 1946.

Dans le cadre de la semaine de l'entrepreneuriat au féminin, la Chambre d'Agriculture de la Martinique et le Fonds de Solidarité du Crédit Agricole Martinique Guyane promeuvent les 500 femmes (sur 3300 exploitants) qui ont choisi l'agriculture pour s'engager dans l'économie locale, pour être actives dans leur pays par leurs activités, pour montrer ce qu'elles sont capables de porter, d'améliorer[25].

Filles d'agriculteurs, d'agriculteurs locaux ou faisant des allers-retours avec la métropole, elles aiment leur métier venu sur le tard ou vocation-passion pour sa diversité, sa liberté, la possibilité de planifier un travail en plein air, le

---

[25] Chambre d'agriculture de la Martinique (2018), *Femmes chefs d'entreprises agricoles en Martinique, 06 juil. 2018*, https://martinique.chambre-agriculture.fr/videos/ [Consulté le 27 mai 2021]

contact avec la nature, développer l'observation, rechercher, innover, le plaisir d'aimer ce que l'on fait et de pouvoir donner ses connaissances sur le manioc, l'arboriculture, l'agriculture biologique, les cultures vivrières, maraîchères, aromatiques, légumières, d'œufs bio, de sucre de canne, de bananes créoles, de manioc, et l'élevage de porcs ou d'ânes.

Elles y trouvent une vraie satisfaction, une victoire sur soi dans un métier dur, tout en menant une quête d'harmonie entre les sphères personnelles et professionnelles (organisation, gestion, scolarité des enfants par correspondance, tâches ménagères, préparation des enfants pour l'école restant à leur charge…). Cependant, nombre d'entre elles doivent arrêter leur activité lorsque l'enfant paraît.

4. Rôle déterminant des femmes, nécessaires à la recherche, à l'innovation, à l'avenir durable

À ce jour, la question de la place des femmes - ou plutôt de leur rôle- ne semble se poser, non pas par légitimité due à leur présence réelle depuis 7700 ans au moins, mais au regard du bénéfice que les sociétés, l'humanité pourraient encore en retirer !
Nous partirons de ces écrits, puisque le corpus littéraire, scientifique, sociologique identifié, les présente en tentant d'y voir une forme de visibilité, de mise en valeur, non d'une utilisation infinie.

Les conditions climatiques ont des conséquences imparables et Wanjiru Kamau-Rutenberger (2018), affirme : *« Il est temps d'exploiter les compétences de tous les innovateurs, y compris celles des femmes »*.

En Afrique, en première ligne dans le secteur agricole pour près de 62 % de femmes en production, transformation et commercialisation, elles sont 22 % des agronomes. A peine 1 sur 7 occupe des fonctions à responsabilité dans la recherche. Mais elles sont présentes, soutenues par l'organisation Femmes Africaines dans la Recherche et le Développement Agricole ("Women in Agricultural Research Development, ou AWARD") dont les formations ont renforcé les savoirs, les savoir-faire de 1158 scientifiques et de 300 instituts africains de recherche.

L'innovation a un rôle crucial à jouer à chaque étape de la chaîne de valeur agricole, il convient d'élaborer des programmes de recherche de définir les priorités pour mettre en avant les compétences des femmes, leurs capacités à résoudre les problèmes et aptitudes à innover. Ainsi que l'ont démontré les scientifiques, Filomena Dos Anjos (chercheuse en santé animale, originaire du Mozambique et lauréate du programme AWARD de 2008), Phyllis Muturi (originaire du Kenya et lauréate du programme AWARD de 2013 avec ses recherches sur des variétés de sorgho à haut rendement résistant à la sécheresse), Yenesew Mengiste Yihun (originaire d'Éthiopie et lauréate du programme AWARD de 2015, ingénieure agronome, travaillant sur la gestion efficace de l'eau).

En somme, il convient de donner les moyens aux femmes d'exprimer leur plein potentiel.

Ainsi, l'Innovation et Réseaux pour le Développement (IRED), association internationale de droit privé, sans but lucratif pour l'innovation, le développement, la nécessité d'une transformation globale (personnes et structures) précise dans son édition numéro 5269 de 2018 :

« *L'agriculture, une affaire de femmes en Afrique* » *(Berrissoule, 2018)* où l'on retrouve 60 % des femmes actives dans le secteur agricole, pour une production inférieure à 30 %. En effet, faute de soutiens, sous-payées, sans accès aux financements ni au droit à la propriété, elles doivent s'orienter vers des productions à plus faibles valeurs.

À l'occasion de la 2e édition de l'African Women Agriculture (AWA), S.E. Aissata Issoufou, Première dame du Niger, a salué les femmes agricultrices et leurs coopératives. *« Si nous voulons assurer la sécurité alimentaire des 240 millions de personnes mal nourries dans notre continent, nous devons reconnaître le rôle que joue la femme dans l'atteinte des objectifs de développement durable »* (ibid).

Dans leur papier *« Les femmes et l'agriculture : Le potentiel inexploité dans la vague de transformation »*, Njobe et Kaaria (2015), assurent que : *« Les femmes africaines jouent un rôle central dans le secteur agricole du continent. En tant qu'épine dorsale du secteur, elles représentent 52 % de la population totale dans ce secteur et elles sont responsables d'environ 50 % du travail agricole dans les fermes de l'Afrique subsaharienne (SSA). [...] Les femmes, que l'on décrit en tant qu'agricultrices, propriétaires de bétail et entrepreneures au sein de ce secteur, disposent systématiquement d'un accès limité aux ressources productives, comparativement à leurs homologues masculins. »*

L'édition 2010-2011 de la publication annuelle de la FAO sur *« La situation mondiale de l'alimentation et de l'agriculture »*, statue : *« Si les femmes, dans le monde entier, disposaient du même accès aux ressources productives que les hommes, elles pourraient augmenter les rendements de leurs exploitations de 20 à 30 % avec pour résultat une augmentation de la production agricole totale de 2,5 à 4 % » (FAO, 2011).*

L'Organisation des Nations Unies pour l'alimentation et l'agriculture (FAO) estime que les progrès en matière de production agricole pourraient, à eux seuls, libérer de la faim entre 100 et 150 millions de personnes (*FAO, 2011*).
Une étude récente de McKinsey va dans le même sens : la question du genre n'est pas seulement une question éthique urgente, mais aussi un défi économique crucial.
« Dans un scénario de plein potentiel dans lequel les femmes jouent un rôle identique sur les marchés du travail que celui des hommes, 28 000 milliards de dollars américains pourraient être ajoutés au PIB mondial annuel en 2025, soit une augmentation de 26 %[26] *».*

Pour la FAO, qui a pour projet de réallouer le cœur de l'agriculture aux femmes, se pose alors le problème de la propriété terrienne, les femmes recevant « *une partie très faible de la terre, du crédit, de la formation ou de l'information agricoles* ». « *À titre d'exemple, au Mali, la propriété foncière revient aux hommes dans 86.7 % des cas. Et on sait que la terre n'est pas qu'un moyen de production important. C'est aussi une garantie pour l'accès au crédit.* » (Tacko Ndiaye, spécialiste des questions du genre, de l'égalité et du développement rural, FAO)[27].

---

[26] McKinsey & Company (2017), LE POUVOIR DE LA PARITÉ : PROMOUVOIR L'ÉGALITÉ HOMMES-FEMMES AU CANADA, https://urlz.fr/fL0i [Consulté le 27 mai 2021]
[27] RFI (2016), Les femmes, piliers du développement de l'agriculture en Afrique, 15/12/2016 https://www.rfi.fr/fr/afrique/20161215-fao-femmes-rurales-inegalites [Consulté le 27 mai 2021]

Alors que 15 % des femmes en moyenne sont propriétaires d'exploitations (3 % au Mali, 35 % au Botswana et au Malawi, plus de 50 % au Cap-Vert), leurs ressources représentent 22 % de celles des hommes, ce qui selon la FAO est directement responsable du faible rendement de l'agriculture, de la limitation du déploiement du continent, du commerce agricole interafricain, régional, mondial (Njobe et Kaaria, 2015).

Pour tenter de remédier, Téléfood est un des exemples d'actions créées et financées par la FAO, une campagne annuelle d'émissions télévisées, de concert en 1997 avec des ONG et l'Agence Nationale d'Appui au Développement Rural (ANADER). Les montants récoltés sont directement reversés aux fermiers pauvres et aux femmes pour leur permettre de bénéficier de crédits au profit d'activités génératrices de revenus.

5. Initiatives des femmes

5.1. Aux Caraïbes

En Jamaïque, il y a de la musique et du café bio depuis plus de 20 ans !
Dorienne Rowan-Campbell, revient en 1992 pour reprendre la plantation de café de son père, sans aucune expérience dans le domaine, pour se lancer dans la recherche de techniques biologiques, de pesticide naturel comme l'ail, qu'elle partage dans le Mouvement jamaïcain pour la culture biologique (JOAM : Jamaica Organic Agriculture Movement), avant de former essentiellement des femmes avec le Networked Intelligence for Development (NID) du Canada.

Le premier de ses ateliers, portés sur le développement et la rentabilité d'entreprise, est créé en 2004. À ce jour, les agents de la Rural Agriculture Development Authority (RADA) et 150 femmes des Caraïbes ont été formés à l'agriculture responsable.

Dans les États insulaires faisant partie de l'accord ACP (Afrique, Caraïbes et Pacifique), le Centre Technique de Coopération Agricole et Rurale (CTA) a collaboré avec Dorienne Rowan-Campbell et d'autres pour développer le commerce et mettre en place des politiques aidant les petits exploitants pour les marchés du tourisme afin d'éviter la vente de leur production à prix réduit aux gros exploitants.

Selon Isolina Boto, directrice du bureau du CTA à Bruxelles : *« Les îles ne peuvent pas être compétitives sur le plan quantitatif, elles doivent donc se concentrer sur l'aspect qualitatif »* (Shari-Ann Palmer, 2019).

Pour Dorienne Rowan-Campbell les obstacles restent présents au quotidien pour une femme d'affaires. *« On entend souvent dire que le travail des femmes est apprécié, pourtant, nous avons souvent du mal à nous faire entendre. Les femmes doivent être considérées comme des agents du changement. Or, il y a toujours un décalage entre les paroles et les actes. J'ai donc eu du mal à convaincre d'autres personnes de travailler avec moi et de me suivre dans la direction dans laquelle je m'étais engagée » (ibid).*

Devenue la responsable des politiques du Jamaica Organic Agriculture Movement (JOAM), elle s'engage pour aller au-delà de la seule question du genre. *« Une politique unique, même si elle intègre une approche axée sur la dimension de genre, ne suffit pas »*, affirme-t-elle. *« Nous devons faire de cette approche une politique à part entière si nous voulons aider les petites exploitantes, en collaborant avec elles. » (Shari-Ann Palmer, 2019).*

Le rôle des productrices agricoles dans le développement durable des Caraïbes a été mis au cœur d'un projet du Centre des Caraïbes pour la Formulation de Politiques (CPDC) soutenu par l'ONU Femmes à la Barbade, à la Grenade et à la Jamaïque, par des ateliers sur les technologies vertes, d'irrigation et de gestion de l'eau.

Ainsi, Christine Arab, représentante ONU Femmes pour les Caraïbes estime que *« Dans les Caraïbes, les jeunes femmes réussissent mieux que les jeunes hommes dans leurs études aux niveaux secondaire et supérieur, et pourtant quand il s'agit de participation active au marché du travail et d'autonomisation économique, les femmes sont le plus souvent sans emploi, sous-employées ou pauvres »*[28].

5.2. En agriculture verticale

En 2019, les femmes approvisionnent 80 % du continent, mais ne possèdent que 15 % des terres. L'African Women's Forum veut renforcer le rôle des femmes rurales en Afrique.

« Nous voulons changer de paradigme et donner aux femmes les moyens de moderniser l'agriculture pour qu'elles puissent augmenter la productivité et leurs revenus pour leur foyer ». Josefa Leonel Correia Sacko, commissaire à l'Économie rurale et à l'Agriculture de l'Union Africaine[29].

---

[28] En utilisant les technologies vertes pour protéger leurs récoltes, les femmes des Caraïbes se débrouillent par elles-mêmes, mercredi 4 juin 2014, https://www.unwomen.org/fr/news/stories/2014/6/caribbean-farmers-use-green-technologies [Consulté le 27 mai 2021]
[29] Naomi Lloyd (2019), African Women's Forum : un nouveau rôle pour les femmes dans l'agriculture en Afrique, *Business*, fr.euronews.com/2019/11/20/african-women-s-forum-un-nouveau-

L'une des solutions innovantes : l'agriculture verticale, culture hors-sol qui consomme 95 % en moins que l'agriculture traditionnelle et réduit la soumission météorologique.
"Quand une ou deux femmes peuvent avoir un espace donné par la communauté, elles peuvent construire leur propre ferme verticale », Josephine Favre, présidente de l'Association africaine pour l'agriculture verticale (*ibid*).

D'ici 2030, l'agrobusiness en Afrique subsaharienne, seul pays au monde avec plus d'un quart de dirigeantes d'entreprises, serait valorisé à 1000 milliards de dollars.
L'avocate britannique Grace Camara s'appuie sur le financement participatif, les petites donations par les expatriés dans le fonds d'investissement RemitFund qu'elle a fondé pour financer des projets de développement et créer des emplois.

6. Volonté politique

Pour les instances, politiques et représentatives (syndicats, mouvements sociaux, ministères), l'agriculture reste toujours un « monde d'hommes ».
Les changements devront donc aussi concerner cette échelle.

En effet, bien que le Programme Détaillé pour le Développement de l'Agriculture Africaine (PDDAA) exhorte les gouvernements africains à s'engager à investir au moins 10 % de leur budget national dans l'agriculture, au moyen de budgets transparents et responsables, réduire les inégalités femmes-hommes dans l'agriculture requiert

---

role-pour-les-femmes-dans-l-agriculture-en-afrique [Consulté le 27 mai 2021]

une volonté politique concertée de secteurs public et privé, de la recherche, de la finance, des agricultrices, pour travailler ce changement structurel de façon viable avec des pratiques plus modernes[30] :

- par la transformation des institutions nationales et régionales : politique foncière, répartition des dépenses publiques pour l'agriculture (4,8 % au Kenya, 6 % en Ouganda, 7 % en Tanzanie),
- par l'accessibilité aux ressources productives : financement pour les femmes bancarisées et celles qui ne le sont pas, eau, énergie, transport, logistique, formation en coopératives, investissement dans des infrastructures scientifiques pour l'agrobusiness des femmes (moins de pénibilité manuelle, plus de compétitivité),
- par la vulgarisation rurale et des services inclusifs, en plus de la recherche et du développement, pour étendre la production, le partage des connaissances (technologies, innovations) la durabilité des produits,
- par des infrastructures facilitantes : transport, gestion des douanes et des frontières, sûreté et sécurité le long des corridors commerciaux pour les femmes. L'accès aux marchés par les agricultrices africaines reste limité à tous les niveaux : local, national, régional et international.

7. Empêchements, corvées quotidiennes, précarité menstruelle

La situation des femmes rurales du monde se détériore (état de santé, pénibilité du travail, peu d'éducation, peu de

---

[30] ONU, Le Programme détaillé pour le développement de l'agriculture africaine (PDDAA), https://www.un.org/fr/africa/osaa/peace/caadp.shtml [Consulté le 27 mai 2021]

ressources, précarité et faibles revenus) en raison également de la concurrence galopante des marchés agricoles sur les ressources naturelles, entraînant la demande de main-d'œuvre bon marché, corvéable[31].
S'ajoutent à cela les restrictions d'aides aux petits exploitants au bénéfice des agro-industries, les catastrophes naturelles étant plus nombreuses.

La première conférence mondiale sur les femmes datant de 1975, il est plus que temps de prendre en urgence des mesures sur le renforcement de la capacité des institutions publiques et des ONG à mieux faire connaître l'implication des femmes en agriculture, à leur donner la priorité à la formation, l'information, la science et la technologie.

« Une étude de 2010 dans plusieurs régions d'Éthiopie et du Ghana a révélé que l'accès des femmes à l'information agricole est régulièrement moins élevé que celui des hommes. En Éthiopie, l'accès des femmes s'élevait à 20 % alors que celui des hommes atteignait 27 %. Au Ghana, seulement 2 % des femmes cheffes de ménages et 12 % des hommes chefs de ménage ont déclaré recevoir des conseils de vulgarisation » (Njobe et Kaaria, 2015).

L'accès aux financements est complexifié par le risque perçu en raison de leur sexe, par la localisation, par les papiers d'identité nationaux exigés par les financiers (17 % de la population de la Zambie ne disposent pas de papiers d'identité nationaux - OCDE), par les frais de transport (de

---

[31] Greenfacts (2008), Quel est le rôle des femmes dans l'agriculture et le développement ? in Dossier « Agriculture et le développement (IAASTD) », https://www.greenfacts.org/fr/agriculture-developpement/l-2/9-femmes-agriculture.htm [Consulté le 27 mai 2021]

50 à 75 % du prix de détail des marchandises au Malawi, au Rwanda et en Ouganda).

Les auteurs comme Séronie et Jacquemot (2019) s'intéressent aux poids quotidiens qui entravent les femmes ainsi qu'à leur construction sociétale. Paradoxalement, alors que les indicateurs montrent la vulnérabilité des femmes, leurs grandes fragilités et leur insécurité (Sahel, nord du Nigeria, Centrafrique), leur vaillante contribution à l'alimentation, à la santé, à l'éducation contribue à l'atténuation de la gravité de leur situation et à la recherche de solutions face aux mentalités ou aux structures familiales et sociales.

Les croyances limitantes et les préjugés sur la biologie distinguant femmes et hommes fondent des divisions du travail immuables pourtant réfutées par les études de genre conduites depuis une vingtaine d'années, examinant une diversité de faits et de logiques de fonctionnements ruraux.

La fécondité des femmes serait ainsi liée à la fertilité des sols, restreignant leur identité sociale, leurs ambitions individuelles par les attentes sociales collectives envers elles, figeant les rôles appris dès l'enfance et la répartition des tâches au travers du lignage. Le poids des corvées domestiques contraint les femmes et entrave le développement d'activités productives et rémunératrices (15 et 22 % du temps aux travaux domestiques, 3 à 7 fois plus que les hommes, soit entre 8 et 10 heures chaque semaine - base de données sur le genre de la Banque mondiale). La collecte de l'eau incombe aux femmes et aux filles à 80 % (5,7 heures/semaine en Sierra Leone, 7,3 heures au Malawi, soit 9,1 heures contre 1,1 heure pour les hommes). En Afrique, chaque année, les femmes portent 80 tonnes de combustibles, d'eau et de produits agricoles sur plus d'un kilomètre contre 10 tonnes pour les hommes (Séronie et Jacquemot, 2019).

8. Perspectives, Développement et investissement

8.1. Projets, programmes des ONG
- Groupements féminins pour cultiver de plus grands espaces, groupements solidaires d'épargne et de crédit,
- Pratiques agricoles adaptées : agro-écologie, agroforesterie, cultures associées,
- Programmes de microfinancement tels que :
  - The Hunger Project (THP) : formation, conseils financiers et crédits (à ce jour 2,9 millions de dollars aux agricultrices béninoises, burkinabés, éthiopiennes, ghanéennes, malawiennes, mozambicaines, sénégalaises, et ougandaises),
  - Prêt de campagne, de Soro Yiriwaso, institution de microfinance au Mali (93,5 % de femmes emprunteuses, 90 villages de 2010 à 2012),
- Programme de gestion intégrée de la fertilité des sols, grâce à la culture intercalaire de céréales et de légumineuses, de l'Alliance pour une Révolution Verte en Afrique (AGRA) et du ministère tanzanien de l'Agriculture dans lequel les radios communautaires, les téléphones portables, les agents de vulgarisation agricole diffusent les informations techniques aux femmes,
- Atelier sur le rôle des femmes dans l'agriculture, financé par la Communauté Économique des États de l'Afrique de l'Ouest (CEDEAO), auprès de femmes et d'hommes pour intégrer le genre et la gestion féminine des défis dans le plan régional

d'investissement agricole, pour repérer les possibles sources d'investissement, de crédits, d'équipements,
- Programme Agriculture, Femmes et Développement Durable, AgriIFeD, ONU Femmes Mali, financé sur 5 ans,
- Projet MYS (Musow Yiriwa Sènè) - transformatrices d'échalotes - dans six cercles de la région de Ségou (Macina, Niono, Barouéli, Ségou, San et Tominian) et dans le cercle de Sikasso, par l'Association Malienne d'Éveil au Développement Durable (AMEDD), pour l'autonomisation et le renforcement des capacités économiques de 200 femmes formées à l'utilisation de la plateforme Buy From Women (Achetez auprès des Femmes) reliant les agricultrices à l'information, aux marchés et aux financements en temps réel pour améliorer leur prise de décision et leur profit. La sensibilisation aux droits à la terre des femmes est également au cœur des projets portés par AMEDD.

La constitution de coopératives se développe pour l'accès foncier des femmes et une agriculture intelligente au regard du climat. Les maraîchères de Koutiala-coura, dans la région de Ségou, constituée de 350 femmes, ont été établies sur 4 ha exploitables sur 12 mois, mis à disposition par l'Office du Niger, avec l'appui des autorités du village de Koutiala Koura, avec pour résultats : réduction du temps de travail des femmes, 36 tonnes d'échalotes, 22,5 tonnes de tomates, 13,7 tonnes d'oignons, 5 tonnes de choux, 7, 5 tonnes de gombos, 6 487 500 FCFA[32], marge brute de 3 243 750 FCFA (AMEDD[33]).

---

[32] FCFA : Franc de la Communauté Financière Africaine (Franc CFA)
[33] AMEDD : Autonomisation socio-économique des femmes par la sécurisation foncière et l'agriculture intelligente face au climat : cas de

« Aujourd'hui, nous les femmes de Koutiala-coura, sommes respectées et considérées par nos maris et les autorités du village et nous sommes impliquées dans les prises de décision concernant les familles et le village même. » exprime Nana Dembélé, Présidente Adjointe de la coopérative, AMEDD **et** ONU Femmes.

La question de la propriété intellectuelle se révèle tout aussi importante que celle de la propriété terrestre, fondamentale même, quant à la recherche agronomique en amont et au long de la chaîne de valeur.

Les femmes scientifiques africaines devraient pouvoir participer activement aux débats concernant la nécessaire transformation agricole.

Ainsi, en 2017, la conférence "L'innovation et la propriété intellectuelle en tant que moteurs d'un secteur agroalimentaire concurrentiel : favoriser la participation des femmes scientifiques et entrepreneures en Afrique" a permis à 200 agronomes exploitantes africaines de mieux cerner la propriété intellectuelle, son apport dans leurs recherches de haut niveau pour des solutions à grande échelle sur le terrain.

---

la coopérative des femmes de Koutiala-Coura dans la région de Ségou, https : //ameddmali.org/autonomisation-socio-economique-des-femmes-par-la-securisation-fonciere-et-lagriculture-intelligente-face-au-climat-cas-de-la-cooperative-des-femmes-de-koutiala-coura-dans-la-region-de-sego/

8.2. Nouvelles chaînes de valeur

8.2.1. La noix de cajou

La demande mondiale de noix de cajou, qui croît environ de 7 % tous les ans, n'est pas fournie, l'Afrique ne transformant que 10 % des noix de cajou. La Côte d'Ivoire en est le premier producteur. Les bénéfices économiques sont pour l'Afrique et sa nouvelle génération d'entrepreneures une opportunité dynamique. Les unités de transformation de la noix de cajou emploient principalement des femmes qui représentent jusqu'à 80 % de l'effectif.

L'augmentation des investissements et la création d'unités de transformation en Afrique offrent la possibilité à de nombreuses jeunes femmes africaines d'accéder à un emploi formel, continu et rémunérateur. Cela contribue à leur autonomisation financière et sociale et assure aux jeunes femmes, dans les zones rurales, une sécurité économique indispensable »[34].

Le pommier-cajou offre une diversité d'emplois pour les femmes rurales au long de sa chaîne de valeur que le projet régional GIZ[35] met en valeur depuis 2009 en coopération avec l'Allemagne. 400 000 emplois ont été créés, dont 40 % pour les femmes.

---

[34] La transformation des noix de cajou – une mine de opportunités d'emploi pour autonomiser la jeunesse africaine https://www.snrd-africa.net/fr/jobs-in-cashew-processing-%E2%8F%A4-a-gold-mine-waiting-to-be-exploited/

[35] GIZ : Gesellschaft für Internationale Zusammenarbei, c'est l'agence de coopération internationale allemande pour le développement.

8.2.2. L'échalote

L'ONG AMEDD forme 12 femmes sur la transition, le stockage et la conservation d'échalote pour résoudre la difficulté quotidienne des agricultrices maliennes[36]. C'est d'autant plus important, car les pertes post-récoltes sont estimées entre 60 et 80 % en agriculture traditionnelle selon une étude de la FAO pour son « *Programme continental de réduction des pertes après récolte Evaluation rapide des besoins – Mali* », dont l'annexe 7 présente 11 projets entre 2009 et 2013 avec la Banque Africaine de Développement (BAD) au Mali (FAO, 2011).

8.3. L'économie verte et le développement durable

Les femmes sont sous-représentées dans les emplois « verts » dont 80 % devraient être créés dans l'agriculture, l'industrie, les services et l'administration. De belles perspectives dans ces secteurs où seulement 9 % de la main-d'œuvre est féminine dans la construction, 12 % dans l'ingénierie, 15 % dans les services financiers et aux entreprises, 24 % dans la production et la mise en place de l'économie verte (ONU Femme, 2012).

8.4. L'accès des femmes au crédit et à l'investissement

En plus des difficultés d'accès au crédit, le défi tient au fait que les femmes représentent 56 % des populations recensées comme étant non bancarisées, soit 980

---

[36] ONG AMEDD forme 12 femmes formatrices sur la transformation, le stockage et de conservation d'échalote, https://ameddmali.org/ong-amedd-forme-12-femmes-formatrices-sur-la-transformation-le-stockage-et-de-conservation-dechalote/ [Consulté le 28 mai 2021]

millions de femmes dans le monde (Demirguc-Kunt, Asli et coll., 2017).

Conditions de vie des femmes du secteur agricole en Afrique

Par Ange-Mireille GNAO
Enseignante, formatrice en Economie Gestion
et Consultante en stratégie de communication numérique
&
Par Agustin TAPE
Journaliste producteur radio-consultant formateur en journalisme sensible Genre en Côte d'Ivoire

« Après l'agriculture, l'industrie et le service, l'humanité est définitivement rentrée dans l'ère du savoir. Ce sont ceux qui savent qui feront la différence »
Serge Uzzan

Le **3 juin 2020**, nous avons organisé la quatrième session du forum Halte aux Entrepreneurs Voyageurs autour **de la place des Femmes dans l'agriculture.** Cette initiative a été importante, car notre objectif était de sensibiliser **les investisseurs (hommes comme femmes), d'ici et d'ailleurs, à investir dans l'agriculture,** plus particulièrement dans les **coopératives des femmes autour de l'agriculture.** Parce que les **femmes produisent plus de 50 % de l'alimentation mondiale, mais qu'elles ne représentent que 13 % des propriétaires des terres agricoles (FAO, 2011).** De ce fait, il est grand temps de mettre fin à l'invisibilité du travail des femmes dans l'agriculture.

En effet, le mouvement international du commerce équitable veut améliorer la reconnaissance du rôle des femmes et la juste rémunération de leur travail, **réduire les inégalités de genre pour démultiplier les impacts du commerce équitable.**

Notre Forum Haltes aux Entrepreneurs Voyageurs spécial Agriculture Responsable, a été labellisé par l'ONU Femme France, dans le cade de la campagne Génération Égalité Voices. Nous avons espoir que notre initiative parcourra d'autres continents comme l'Asie, l'Amérique, l'Océanie, voire même l'Antarctique. Nous étions heureux de la labellisation de notre Forum Haltes aux Entrepreneurs obtenus par ONU Femme France, c'est la reconnaissance de notre travail au-delà de nos continents respectifs (l'Europe, l'Afrique).

Dans le cadre de ce Forum Haltes aux Entrepreneurs Voyageurs, le journaliste Augustin TAPE est intervenu pour parler des conditions des **conditions de vie des femmes dans le secteur agricole en Afrique**.

Augustin TAPE, est diplômé d'un DESOM, diplôme d'études supérieures en communication (Option journalisme télé) à l'Institut des Sciences et Techniques de la Communication (ISTC) à Abidjan, il est journaliste à la Radio Côte d'Ivoire et Fréquence 2 du groupe RTI (présentateur du journal parlé et assistant-producteur d'un magazine sur l'agriculture ESPACE AGRICOLE).

Journaliste-producteur radio à ISTC-FM, promoteur des Objectifs du Développement Durable (ODD). Spécialisé en Genre et Médias, formé par la cellule genre de l'ONUCI (depuis 2010). Webjournalisme sur le projet Newsivoire, ISTC Polytechnique. Consultant formateur en Genre et médias à l'Institut Panos Dakar sur le projet ''Femmes Occupez les Médias". Actuellement rédacteur en chef de la radio ISTC-FM et administrateur du blog www.zereinfos.com, qui fait la promotion des actions citoyennes de la société civile, la promotion de la paix, la démocratie et les droits humains.

Augustin TAPE, journaliste à la Radio Côte d'Ivoire et Fréquence 2 du groupe RTI (présentateur du journal parlé et assistant-producteur d'un magazine sur l'agriculture ESPACE AGRICOLE) a présenté la réalité des conditions des femmes spécialisée dans l'agriculture en Afrique. Parce que, en Afrique, les femmes jouent un rôle central et déterminant dans l'agriculture. Près de 62 % d'entre elles travaillent dans ce secteur. En première ligne, elles effectuent l'essentiel des activités de production, de transformation et de commercialisation des denrées. Selon l'Institut national de la Statistique, 60 à 80 % de la production alimentaire en Côte d'Ivoire est assurée par des femmes. Certaines de leurs activités sont de plus en plus orientées vers les productions de fruits et légumes à destination du marché mondial. Les exemples du Ghana, du Nigeria, du Togo ou du Bénin sont frappants pour les productions vivrières. Le manioc *(cassava)* fait partie de l'alimentation des populations de ces régions.

Dans la vallée de la Volta (Ghana), sa culture et sa transformation en *gari ou* kokonte relèvent des femmes, mais leurs conditions de vie sont marquées par la pauvreté et la précarité dans l'exercice de leurs activités agricoles.

Ainsi, les femmes de la chaîne de valeur agricole ont encore du mal à assurer leur autonomisation.
De nombreuses difficultés subsistent :
- Accès au foncier et aux sources de financement ;
- Difficultés à trouver des débouchés pour une meilleure commercialisation de leur production

- Pénibilité du travail (manque d'équipements agricoles de pointe). Des femmes travaillent encore à la machette et au daba…

De plus, il a présenté **le rôle des coopératives agricoles dans l'autonomisation des femmes pour faire face à leurs conditions de vie difficiles.**

Aujourd'hui, pour améliorer les conditions de vie des femmes dans l'agriculture, il est important d'encourager l'autonomisation des femmes via leur organisation en société coopérative. Ainsi, les coopératives pourront continuer à jouer un rôle important dans l'autonomisation des femmes du secteur agricole en Côte d'Ivoire et dans les autres pays d'Afrique.

Pour illustrer ces propos, les intervenants nous ont présenté différents **reportages sur le terrain qui nous confortent dans notre position à travers le partage d'expériences réussies de** la coopérative PEASSEU (qui signifie La Grâce, en langue Yacouba), créée en 2017 et représentée dans trois départements de la Côte d'Ivoire. Divo, Lakota (centre Ouest) et Mahaplcu (Ouest). Elle est composée au total de 500 agricultrices qui gagnent environ 1 million de FCFA après une récolte. Une somme qu'elles se répartissent en pensant à mettre un peu d'argent dans leur caisse. Cette coopérative est soutenue par **Lève-toi Femme d'Afrique**, une ONG ivoirienne qui prône l'entrepreneuriat féminin.

D'ailleurs, selon les propos de la présidente de Bernadette Gba[37], « Les femmes produisent du vivrier : manioc, piment, du riz en coopérative, ce qui leur a permis de s'autonomiser. D'ailleurs, lorsqu'elles sont

---

[37] Pour écouter les propos de la présidente, Madame Bernadette Gba, vous pouvez consulter ce site : **https://voca.ro/64N0nG21Bsd** [consulté le 29 mai 2021].

économiquement et socialement autonomes, les femmes deviennent de puissants vecteurs de changement. Dans les zones rurales de nombreux pays en développement, elles contribuent largement à faire vivre les ménages et occupent une place centrale dans l'activité agricole.

Coopérative des femmes : Autonomisation des femmes agricultrices

Par Christelle YOBO
Diplômée en administration des affaires, spécialisée marketing et gestion industrielle

"Le succès de ce pays **repose sur l'agriculture**". Ce slogan du tout premier président **ivoirien**, feu Félix Houphouët-Boigny, prend encore et plus que jamais son importance dans le processus de développement de plusieurs nations africaines.

Ce chapitre du livre est dédié particulièrement à la femme d'Afrique et de la diaspora, mais aussi à la jeunesse qui représente plus de 60 % de la population africaine. L'objectif visé est de leur communiquer des informations pratiques et simples au sujet de certaines opportunités d'affaires dans le secteur de l'agriculture et la transformation de produits agricoles. Aussi nous voulons les encourager et les motiver à créer de la richesse et se connecter au reste du monde afin de contribuer au développement du continent africain et réduire le flux de l'immigration clandestine.

Comme pouvait le dire Gustave Le Bon (2012) dans *« Les Incertitudes de l'heure présente »*, la richesse d'un pays ne réside pas dans des billets sans garantie qu'il peut émettre à volonté, mais dans son industrie et son agriculture.

1. Une diaspora consciencieuse et responsable, créatrice de richesse et de développement dans le continent africain.

Plus de 30 millions de personnes ont officiellement quitté l'Afrique. Dénommées « diasporas », ces personnes sont devenues une source majeure de financement du développement. On estime que les diasporas ont envoyé plus de 53 milliards de dollars à des résidents de leur pays natal. Son poids financier s'illustre ainsi par le niveau élevé des envois de fonds que l'Afrique reçoit chaque année en provenance de ses expatriés, soit 3,6 % du PIB du continent, sans même tenir compte des transferts d'argent informels. La diaspora africaine a été désignée par l'Union Africaine (UA) comme la sixième région de l'Afrique et la définit comme : « Les personnes d'origine africaine vivant hors du continent africain, qui sont désireuses de contribuer à son développement et à la construction de l'Union africaine, quelles que soient leur citoyenneté et leur nationalité ».

Mais ce dont l'Afrique a impérativement besoin, c'est d'investissements durables comme l'agriculture ou l'agribusiness, car elle fait face à des taux de chômage supérieurs à 50 % chez les jeunes, augmentant ainsi le taux de pauvreté.

La capacité des membres de la diaspora à créer des emplois grâce aux capitaux qu'ils détiennent peut fortement contribuer à faire baisser le chômage et aussi réduire ou empêcher l'immigration clandestine. Pour que l'Afrique parvienne à surmonter ces obstacles et à tirer pleinement parti du vaste potentiel que présentent ses expatriés, il est indispensable que la diaspora se mobilise dans un effort coordonné et résolu.

Cependant, leurs compétences, connaissances et capacités entrepreneuriales sont perdues pour leurs pays, sans compter les dizaines de milliards de dollars qu'elles épargnent en dehors de l'Afrique chaque année. Comme il semble vain de persuader ces migrants de revenir au pays, nous leur présentons dans ce chapitre un modèle concret et hautement rentable d'investissement dans l'agribusiness, basé sur la loyauté, la transparence et l'enrichissement social. Cet investissement collaboratif vous permet non seulement de stabiliser, voire accroître l'autosuffisance alimentaire sur le continent africain et réduire les exportations alimentaires, mais aussi de se positionner économiquement et socialement. Et ainsi de contribuer au développement du continent en créant de l'emploi et de la richesse.

Vous trouverez dans le tableau ci-dessous des exemples de matières premières agricoles dans lesquelles vous pouvez investir en collaboration avec des coopératives de femmes battantes et vaillantes.

Vos investissements dans le secteur de l'agriculture permettront non seulement de maximiser leur productivité par l'achat de matériaux, machines modernes facilitant l'augmentation de leur rendement de travail : volet social de la diaspora ; mieux, vous en tirerez en retour plus du double de votre investissement initial comme Retour Sur Investissement (RSI).

Tableau 1 : Illustration de la stratégie d'investissement dans l'agribusiness

Production	Surface agricole	Investissement (FCFA/€)	Durée (mois)	Vente (FCFA/€)	RSI (FCFA/€)
Manioc	1 ha	200 000 à 350 000 303 - 530	12 à 24	450 000 à 800 000 682 — 1213	250000 à 450000 379 - 682
Papaye (solo)	1 ha	2 000 000 à 3 000 000 3033 - 4550	24	5 000 000 à 10 000 000 7584 - 15169	3000000 à 7000000 4550 - 10618
Riz	1 ha	500 000 à 950 000 758 - 1441	4 à 6	800000 à 1 300 000 1213 - 1972	300000 à 350000 455 - 530
Ananas	1 ha	2 500 000 à 3 500 000 3792 - 3792	18	5 000 000 à 8 000 000 7584 - 12135	2500000 à 3500000 3792 — 8343

Source : Construction de l'auteure

Ce tableau explique la stratégie de financement dans l'agribusiness. Si nous nous penchons sur le cas de la culture de la papaye, nous constatons que pour un investissement de 3000 à 4550 euros sur une surface de 1 hectare pour une durée de deux ans, vous récolterez entre 7584 et 15169 euros, soit 4550 et 10518 euros de marge bénéficiaire.

2. L'autonomisation de la femme agricultrice africaine, gage de développement : le cas des coopératives de femmes.

Selon la conclusion du Sommet mondial sur le Genre à Kigali, les femmes représentent plus de 50 % de la population du continent africain. L'autonomisation des femmes agricultrices consiste à faire valoir les droits des femmes rurales (accessibilité aux terres agricoles, au leadership, aux lois et politiques), à stimuler la productivité et la croissance agricoles, à améliorer les perspectives en matière de développement pour les générations actuelles et futures, mais aussi à bénéficier du commerce et de la finance, à vendre leurs biens et contribuer sérieusement à une croissance économique inclusive.

En Afrique, les agricultrices se constituent en coopératives pour maximiser leur productivité et faire converger leur force. C'est l'exemple d'une coopérative d'agricultrices de femmes au Togo, nommée "Femmes vaillantes", qui lance avec succès un riz 100 % qualité supérieure.

Financé à hauteur de 32,8 millions de dollars par la Banque Mondiale, par le biais de l'Association Internationale de Développement (IDA), le Projet pour la productivité agricole en Afrique de l'Ouest (PPAAO) a déjà appuyé 10 coopératives d'étuvage de riz gérés par des femmes et eu un impact direct dans la vie de plus de 227 000 Togolaises.

Cet exemple des Femmes vaillantes d'Anié, au Togo, a permis aux femmes de cette coopérative, pour la plupart veuves, de stabiliser l'éducation et financer la scolarité de leurs enfants. Les retombées financières de leur travail ont transformé leur coopérative en une entreprise dynamique qui emploie non seulement des jeunes de leur localité, mais a surtout amélioré les infrastructures dudit village.

Cet exemple de la coopérative « Femmes vaillantes » démontre l'impact de l'autonomisation de la femme comme un essor puissant et complémentaire pour le développement d'une région, d'un pays et d'un continent.

3. La noix de cajou, nouvelle mine d'or pour l'agriculture africaine

On ne le dira pas assez, le continent africain regorge d'une richesse inouïe de matières premières. La nouvelle créatrice de miracle agricole, aussi considérée comme l'or gris depuis peu de temps, c'est la noix de cajou. Une multitude d'agriculteurs et coopératives se constituent pour cultiver ce trésor. Mais hélas, l'Afrique manque d'unité de transformation pour exploiter cette culture hautement recherchée dans le monde, particulièrement en Asie et en Europe, pour ses vertus nutritives et naturelles. La transformation ou l'industrialisation de nos matières premières pourrait pourtant créer tellement d'emplois pour la jeunesse et les femmes. Néanmoins, selon le GIZ, la Coopération allemande au Développement, plus de 400 000 emplois ont été créés au cours de ces neuf dernières années dans la filière noix de cajou, dont 40 % étaient réservés aux femmes.

Malheureusement, l'Afrique ne transforme que 10 % de ses noix de cajou.

Comme indiqué plus haut, l'agriculture est l'un des piliers de développement en Afrique et représente le premier employeur du continent. Plus de deux tiers de la population travaille dans les métiers de l'agriculture, d'où l'importance de rendre le secteur agricole durable et compétitif. L'on note une augmentation annuelle de 6-7 % de la production mondiale de la noix de cajou dont la Côte d'Ivoire en est le premier producteur mondial.

Il est donc impératif pour la diaspora de s'investir dans la transformation des matières premières agricoles afin de créer non seulement de l'emploi, donc contribuer au développement du continent, mais aussi de valoriser l'autonomisation de la femme, espoir de l'Afrique.

En conclusion, la nécessité d'investir dans le secteur de l'agriculture et la transformation des matières premières est plus qu'urgente pour les Africains de la diaspora. Il devient impératif ainsi de professionnaliser ce secteur en formant les femmes des coopératives afin de les rendre plus compétitives au reste du monde et autonomes pour le développement durable du continent. Cette démarche crée non seulement de l'emploi pour la jeunesse et les femmes, mais réduit aussi le flux de migration vers l'Occident.

Ce sujet de l'autonomisation de la femme agricultrice en Afrique et bien d'autres a été l'un des thèmes de la contribution de l'ONG NaJe, basée en Allemagne, lors des conférences "Halte aux entrepreneurs voyageurs" organisées par la structure BussyEducom.

La place de la femme dans l'agriculture en Afrique – Le cas du Ghana

Par Hyacintha Faustino
Entrepreneure autodidacte,
spécialisée en coopération sino-africaine

« Si les femmes baissaient les bras, le monde s'écroulerait »

1. L'agriculture comme levier contre la pauvreté, le cas du Ghana

Le Ghana, pays de 30 millions d'habitants situé en Afrique de l'Ouest, a récemment été classé au premier rang mondial en tant que pays produisant le plus de femmes entrepreneures, avec une estimation d'environ 46,4 %, selon l'indice MasterCard de l'entrepreneuriat féminin (MIWE). Le nombre croissant de femmes entrepreneures propulse l'innovation commerciale dans les marchés émergents.

Les femmes dans le monde, et plus particulièrement en Afrique, se démarquent par leur détermination à subvenir à leurs besoins et à ceux de leur famille ; et ce, malgré les contraintes financières, techniques et réglementaires.

Le Ghana produit plus de femmes entrepreneures que tout autre pays au monde ; en effet, 46 % des entreprises du pays sont détenues par des femmes, il y a 86 % de taux d'inclusion financière, ces résultats nous montrent que les femmes entrepreneures en Afrique sont les piliers de la croissance économique et des instruments de développement et d'inclusion financière. Cependant, elles rencontrent également de nombreux obstacles et l'entrepreneuriat est pour un très grand nombre un parcours semé d'embûches.

Quant aux agricultrices, elles contribuent jusqu'à 50 pour cent de la main-d'œuvre dans les exploitations agricoles en Afrique subsaharienne. De plus, 60 pour cent des femmes employées en Afrique subsaharienne travaillent dans l'agriculture. En résumé, les femmes jouent un rôle crucial en tant que mères, innovatrices et éducatrices. Il est donc important de développer des stratégies qui se concentrent sur leurs besoins. L'écart et les inégalités entre les sexes se traduisent par des pertes économiques conséquentes au détriment des économies africaines. S'ajoute à ces inégalités, un pourcentage alarmant : en effet, 80 % des entreprises appartenant à des femmes restent bloquées au niveau « micro ». Sans réel soutien institutionnel coordonné, d'accès aux nouvelles technologies et d'un crédit à un taux abordable.

Environ 80 % des entreprises appartenant à des femmes sont bloquées au niveau « micro ». Elles sont incapables de se développer parce qu'elles manquent d'un soutien correctement coordonné, d'un crédit bon marché et à long terme et d'un accès suffisant aux nouvelles technologies. Elles sont confrontées à des infrastructures médiocres, à une faible capacité et à des politiques gouvernementales parfois obstructives.

À cet effet, une étude collaborative analysant entre autres les décisions sur la production agricole ainsi que le leadership au sein de la communauté a été publiée en 2012. Cet indice d'autonomisation des femmes dans l'agriculture nous permet de mesurer le niveau d'inclusion des femmes dans le secteur agricole. Il a été développé en partenariat

avec l'Agence des États-Unis pour le Développement International (USAID), l'Institut International de Recherche sur les Politiques Alimentaires
(IFPRI) et l'Oxford Poverty and Human Development Initiative (OPHDI) et a été pilote en Asie du Sud Est (Bangladesh), Amérique latine (Guatemala) et en Afrique de l'Est (Ouganda).

2. Les femmes dans la production agricole et la transformation de produits : Interview d'Ama Boake, CEO de Cedi Juice Ghana.

Il existe une Afrique dont on n'a pas l'habitude de parler, une Afrique où la classe moyenne est en plein essor, une Afrique où ce sont les femmes qui sont à la source du changement. Elles se distinguent par leur engagement dans l'entrepreneuriat, la politique et le monde de la mode. En effet, avec un Revenu National Brut (RNB) par habitant de 1490 dollars en 2017 et un PIB de 47,3 milliards de dollars, l'économie ghanéenne représente la deuxième économie de la Communauté des États de l'Afrique de l'Ouest (CEDEAO) devant la Côte d'Ivoire et derrière le Nigeria.

Ces femmes, fières d'être africaines, suivent leur propre voie et ne suivent pas les critères de beauté et le mode de pensée occidentale. Chaque jour, elles montrent qu'elles ont foi en leur avenir, celui de leur pays et de leur continent, l'Afrique.

Interview de Ama Oforiwaa Boamah (The Earthy Company), Fondatrice de Cedis Juice, une entreprise de transformation de jus d'ananas à Accra, Ghana.

Découverte grâce au documentaire ARTE : « Ghana : L'avenir est aux femmes »
« Ama Boamah appartient à une nouvelle génération de femmes au Ghana : après avoir étudié la photographie à l'étranger, elle est rentrée chez elle pleine de projets. Aujourd'hui, au début de la trentaine, elle possède la première usine de jus de fruits bio dans la capitale en expansion, Accra. La mère de trois enfants est une pionnière qui a poussé à travers le concept de l'alimentation biologique et du recyclage contre la résistance, ce qui était encore nouveau pour le Ghana. Ama emprunte également un chemin non conventionnel dans sa vie privée : à son propre mariage, elle parvient à se défendre contre les contraintes de sa famille élargie traditionnelle. 360 ° - Le reportage GEO accompagne cette jeune Africaine animée et ses camarades militants dans leur quotidien agité, qui culmine avec la légendaire fête « Roof on Fire » au-dessus des toits d'Accra. »

Un film de Carmen Butta

[Carmen Butta est une réalisatrice allemande d'origine italienne, qui réalise des documentaires traitant des sujets sociétaux tels que les droits des femmes dans différentes parties du monde.]

1. Pouvez-vous vous présenter et présenter votre entreprise ?

Je m'appelle Ama Oforiwaa Boamah, le nom de ma société qui fabrique Cedi Juice est Earthy Company Limited. En gros, j'ai étudié le cinéma à l'école, mais j'ai été dans la nourriture toute ma vie.

Je suis née dans la nourriture et le bois, ma mère est technologue alimentaire, mon père est charpentier, mais ses parents étaient agriculteurs, donc nous avons de la nourriture dans notre vie depuis des générations, donc je suis une personne alimentaire, même si j'ai étudié la filmographie ; la plupart du temps, vous verrez que mes films portent sur la nourriture, et c'est très typique de moi.

2. Quelle a été votre motivation pour démarrer Cedi Juice ?

Au début, quand j'étais en Europe, il s'agissait de ne pas laisser mourir l'héritage de ma famille, car comme j'étais ailleurs, je voyais que, de temps en temps, je regardais en arrière et voyais ma mère, ma famille, et même nos voisins faire le jus, et comment nous nous étions tous réunis pour faire du jus et de la nourriture pour l'exportation. Cela m'a en quelque sorte rendue très nostalgique de la puissance de la nourriture qui peut être utilisée comme outil de diplomatie. C'était donc l'une des principales raisons de me lancer dans l'industrie alimentaire, de démarrer l'entreprise et même de penser à faire des jus.

Deuxièmement, maintenant plus que jamais, je sais que mon jus est différent, non seulement à cause de la façon dont je le fabrique, mais aussi parce que je suis allergique à l'aluminium, et j'avais réalisé que chaque fois que je buvais un jus sur le marché, il avait un goût de métal, ou de pièces de monnaie ou d'éclats de métal dans ma bouche.

Donc, ça m'a fait réfléchir. Je pensais que c'était normal que tout le monde, de temps en temps, ait ce goût quand ils buvaient du jus. Mais j'ai réalisé que c'était unique pour moi, alors j'ai commencé à faire attention et j'ai décidé : « Si je veux faire quelque chose dans ce monde, je vais faire quelque chose qui me rend heureuse ; si cela suffit à résoudre mon problème, alors je sais qu'il y a aussi des milliers de personnes dont les problèmes peuvent également être résolus avec le même processus que le mien. »

C'est la principale motivation/raison pour laquelle je fais le jus que je fais, afin que je puisse trouver quelque chose à boire sur le marché chaque fois que je veux boire du jus. Troisièmement, c'est aussi parce que j'aime tendre la main, j'aime communiquer avec les jeunes, et de temps en temps, je vois que faire du jus avec les jeunes est devenu un passe-temps aussi. Les rassembler et leur parler de leurs défis pendant que nous travaillons ensemble me rend plus sensible que de simplement les amener chez moi et de ne pas avoir de travail à leur donner.

J'ai dû faire du travail en prison aussi, cela m'a vraiment motivée à aider, en particulier ceux qui sortent de prison et ceux qui n'ont jamais été en prison et qui sont très inconscients des choses de ce monde. J'ai donc trouvé que j'avais beaucoup d'expérience et beaucoup d'amour pour les jeunes. Afin de les garder près de moi, je devais trouver une source de subsistance pour eux, quelque chose que nous pourrions utiliser pour tendre la main, et pour moi, le jus est venu en premier. Ce sont les trois raisons pour lesquelles j'aime faire du jus.

3. Quels ont été les obstacles que vous avez rencontrés au cours de votre parcours entrepreneurial ? Avez-vous encore des problèmes ? Si oui, lesquels ?

Je ne dirais pas qu'il s'agit d'obstacles, je préfère les appeler des défis, car, en tant qu'entrepreneur, je pense que les problèmes passent avant tout dans ce travail. La première chose est la technologie, par exemple trouver un scientifique qui a même cet état d'esprit. Laissez-moi vous dire comment j'ai résolu mes problèmes : par exemple, avec mon allergie à l'aluminium, j'ai réalisé que le meilleur moyen de contourner ce genre de problème était de créer mes propres outils et de fabriquer des outils qui « imitaient » la cuisine traditionnelle.

Au Ghana, lorsque nous fabriquons des condiments épicés, nous utilisons le « Ansanka » [mortier et pilon], qui est un pot en argile. J'utilise donc des pots en terre cuite pour cuisiner, j'en utilise certains qui sont en céramique, que je reçois grâce à certains de mes amis en France.

Je fais aussi beaucoup de grillades au lieu de cuisiner dans des casseroles en aluminium. C'est ainsi que j'ai pu contourner mon allergie à l'aluminium. Je me suis retrouvée à être la seule personne parmi des milliers de personnes à souffrir de cette maladie, donc d'autres ont du mal à comprendre - « Pourquoi faites-vous des histoires à propos des pots en aluminium, alors que nous les utilisons toute notre vie ? »

Même à l'école, je savais que j'avais ce problème, parce que je n'aimais pas les sardines et les boîtes de conserve, je devais me faufiler à l'école avec des pots en terre cuite pour pouvoir cuisiner et manger. Mon défi est de fabriquer les jus avec des équipements en bois, je découvre que les techniciens ne se soucient même pas de faire des choses [objets] qui reproduisent la manière traditionnelle de cuisiner, ce que je trouve très inquiétant. Je pense que la plupart de ceux qui pensent comme moi sont ceux qui sont [peut-être] déjà allés en Europe, qui ont la même condition et qui savent que de nouvelles méthodes de production sont nécessaires.

Mon autre défi a toujours été les finances, mais ce n'est qu'un défi et non un obstacle, car il y a toujours une excellente idée qui se pose sur la façon de résoudre ce problème. La famille et les amis ont joué un rôle très important dans la résolution de ces problèmes, même ceux qui sont loin, en France et en Allemagne ont été très utiles pour mon plaidoyer, mes cours... J'ai des amis qui m'envoient constamment des objets en céramique et en argile parce qu'ils savent que je suis allergique. Et pour moi, c'est l'amour, c'est pourquoi je préfère ne pas qualifier mes problèmes d'obstacles, mais de défis.

L'autre défi que je trouve est que les entrepreneurs au Ghana ne sont pas bien compris, je veux dire que le système est structuré de manière à ce que chaque fois que nous créons une entreprise ou une entité, il vous prend au lieu de vous donner. Pour bénéficier de ce système, vous devrez faire beaucoup d'inscriptions et beaucoup de paperasses. La Ghanéenne « ordinaire » ne peut pas passer par là et diriger une famille ou une maison ou même trouver l'argent pour financer toutes ces choses, c'est mouvementé !

Vous devrez être créatif pour être en mesure de trouver les fonds pour un, investir dans votre propre entreprise, deuxièmement ; pour payer tous les permis pour le gouvernement, troisièmement ; pour en avoir assez pour payer vos employés. Les contraintes financières ont toujours été un défi, mais c'est quelque chose que la créativité - et Dieu résoudra.

Tous les défis que j'ai mentionnés sont ceux que je traverse maintenant, je n'ai plus de défi avec l'électricité, je veux dire que j'ai largement dépassé cette étape. Tout ce que j'ai mentionné est d'actualité, et ce sont mes principaux obstacles.

4. Où voyez-vous votre entreprise dans 5 ans ?

Je n'aime vraiment pas faire des prédictions, mais je vois mon entreprise faire plus de conseils, car l'expérience que j'ai acquise pour faire fonctionner les choses pour moi est si importante que je souhaite que les gens n'aient pas à souffrir pour l'obtenir. Je veux mettre toutes mes connaissances à disposition : comment enregistrer une entreprise, comment trouver des investisseurs, comment rédiger même une proposition, comment faire vos propres photos, tout le savoir-faire !

Les informations que je possède ne sont pas que pour moi, mais plutôt pour les partager. Même si cela signifie même aller dans d'autres pays où sont les Ghanéens et les Africains [la diaspora], juste pour leur dire « Hé ! c'est possible, j'ai pu le faire, tu peux aussi le faire ! »

Je veux pouvoir autonomiser d'autres personnes, pas seulement les femmes, je veux aussi autonomiser les hommes, je veux autonomiser les familles, car je me rends compte que chaque femme mariée doit aussi être autonomisée. Car à certains moments, il y a un besoin de plus dans leur vie en plus de leur famille. C'est pourquoi je suis ici pour donner un message d'espoir. Je vois donc mon entreprise faire plus de diplomatie, plus de consultations, de partages de connaissances et d'aider les gens à créer [leurs entreprises]. Indépendamment du fait que je dise que tout le monde devrait rentrer chez lui et créer sa propre entreprise, nous devons collaborer, nous devons voir comment nous pouvons travailler les uns avec les autres, car ce n'est que lorsque nous travaillons ensemble que nous obtenons le meilleur [collaboration].

C'est alors que les défis deviennent petits, de sorte que ce que je vois de mon entreprise [à faire dans 5 ans], responsabiliser les gens et leur montrer ce qu'ils peuvent faire eux-mêmes. Je veux aussi apporter mes produits partout en Afrique, parce que je veux être cette « image d'espoir », je veux que les gens voient que « cette femme a commencé petit et a su faire quelque chose avec ses produits ». Je veux voir [mes produits] sur les étagères de tous les pays africains, même au Ghana, partout, sur toutes les étagères, à cause de ce qu'ils représentent.

J'ai eu BEAUCOUP de retours d'Europe, et j'espère que toutes les familles africaines qui m'ont contactée écouteront leur voix intérieure au plus profond d'elles et rentreront chez elles et mettront en place quelque chose. Mais je n'essaie pas de décourager la personne qui peut réussir en Europe, vous savez. Parce que je crois que chaque fois que vous vous trouvez, il y a un but qui y est attaché, où que vous vous trouviez, si vous pouvez faire quelque chose, faites-le collectivement. Rejoignez d'autres personnes partageant les mêmes idées. Ce n'est que lorsque vous trouvez l'amour que vous pouvez penser aux autres sans penser à vous-même. Lorsque nous devenons altruistes, c'est ainsi que nous pouvons prospérer et c'est ce que je veux faire davantage. Je veux que ma marque ne se limite pas à moi, mais aux gens qui pensent comme moi et aux gens qui ont besoin de moi et des gens dont j'ai aussi besoin.

5. Trois conseils que vous aimeriez donner à quelqu'un qui souhaite créer une entreprise au Ghana ?

Pour toute personne souhaitant créer une entreprise au Ghana, mon conseil est simple :
" Quel est ton but ? Qu'est-ce que Dieu te dit de faire dans votre vie ? »
Vous pouvez avoir la meilleure idée, mais si elle n'est pas censée être…
J'ai lutté avec tant d'idées différentes, et cela n'a tout simplement pas fonctionné, non pas parce que ce n'était pas de bonnes idées, mais parce que mon corps n'avait pas ce qu'il fallait pour continuer avec ces idées autant que je le voulais et c'est devenu très stressant : obstacles dans ma vie personnelle, dans ma vie de famille, dans tout.
 Alors tout d'abord, quel est votre but ?

Parfois, nous pensons que le but est cette grande chose, que lorsque vous commencerez, le monde entier s'arrêtera, et rien ne se passe… MAIS le but est beaucoup plus grand que cela. Parfois, on dirait que ce sont des petites choses, mais c'est grand. LE BUT vient en premier, quoi ou qui vous appelez Dieu, et qu'est-ce que Dieu vous dit de faire ?

Si vous entendez cette voix, vous pouvez être sûr que c'est ce que Dieu vous appelle à faire. Ce serait parfois effrayant, mais c'est ce que vous devez faire.

Deuxième conseil, ne sous-estimez personne ou quoi que ce soit. Parfois, lorsque nous venons d'Europe dans un espace comme le Ghana, nous avons tendance à penser que les gens qui vendent sur le bord de la route, par exemple, ne sont pas des nobodys. J'ai été dans tellement de situations où les gens me disaient « Ce n'est personne ». Eh bien, je les apprécie !

Le genre d'informations que j'ai pu obtenir de ces soi-disant « personnes » est incroyable, elles vous aident avec des informations clés que vous ne pourrez trouver nulle part ailleurs. Je ne dis pas de prendre leurs conseils (vous le pouvez aussi !), mais ne les contrariez pas. Si vous êtes conduit par Dieu, cette voix intérieure vous guidera pour savoir à qui parler. La plupart du temps, les petites personnes sont des personnes importantes. Les gens que nous pensons n'être personne sont de grandes personnes.
La plupart des gens auront tendance à négliger cette bénédiction parce qu'ils les méprisent.

Parfois, cela vous choquerait de voir que nous méprisons les gens qui nous ressemblent, parce que nous avons été méprisés, alors quand nous nous voyons, nous nous méprisons. Je pense que nous avons besoin d'un renouveau de mentalité, je conseille à chaque entrepreneur de comprendre comment les gens pensent, si vous avez besoin de comprendre les gens, vous ne méprisez personne.

Devenir neutre, quand on voit quelque chose de trop « méchant ou trop gentil » rester neutre, c'est comme ça que je me suis entraîné, et c'est comme ça que j'ai survécu. Le dernier conseil que je donnerais à un entrepreneur marié [ou en couple], n'ignorez pas votre famille (puisque je suis mariée, j'ai plus d'expérience du mariage).
Ne pensez pas que ce soit votre idée ou votre plan pour que vous puissiez aller de l'avant et le faire sans vos enfants ou votre famille.

Les gens recherchent toujours une femme de chambre pour leur famille et ils courent partout en travaillant dur. Jusqu'au jour où ils reviennent et tombent de haut, il s'est passé tant de choses et ils n'étaient pas là. Je dirais, si vous le pouvez, travailler avec votre famille, je parle de votre famille immédiate, de votre mari, de votre femme, de vos enfants. Entraînez-les sur ce que vous faites, parfois, cela peut être les petites choses que vous leur apprenez sans vous en rendre compte.

Je ne me souviens pas que ma mère m'ait appris sérieusement ce qu'elle faisait, je jouais juste à ses côtés pendant qu'elle travaillait. Maintenant me voici, reproduisant son travail comme si l'on m'avait appris à le faire ! Pour moi, cela parle beaucoup, cela me dit que les enfants apprennent de ce qu'ils nous voient faire. C'est bien pour eux de voir mère et père collaborer sur un projet, en tant que chrétiens, je sais que Dieu choisit certaines familles pour faire certaines choses, alors quand les deux deviennent un, il vaut mieux aller devant lui comme un.

3. Conclusion

L'Afrique est en tête du monde en termes de nombre de femmes chefs d'entreprise. En fait, les femmes en Afrique sont plus susceptibles que les hommes d'être des entrepreneures.

Représentant 58 % de la population des travailleurs indépendants du continent, les femmes entrepreneures en Afrique subsaharienne continuent de réaliser des bénéfices inférieurs à ceux des hommes (34 % de moins en moyenne). Cependant, un rapport récent de la Banque mondiale (Profiting from Parity) montre que malgré les nombreuses initiatives féminines sur le continent, les femmes ont toujours en moyenne des revenus inférieurs aux hommes. En nous rendant à l'évidence, l'on constate que la grande majorité des femmes qui se lancent dans l'entrepreneuriat, le font par nécessité et non par choix, cela est dû au manque d'opportunités académiques. Une fois investies dans leurs activités, ces femmes doivent être accompagnées et avoir accès à des capitaux, ainsi que du mentorat afin de se développer.

Sans l'entrepreneuriat, les opportunités d'innovation seraient plus rares, il y aurait moins de productivité et peu de création d'emplois. C'est pourquoi il est devenu crucial d'implémenter des programmes spécifiques adaptés aux besoins des entrepreneurs au niveau gouvernemental en Afrique.

AGROTOURISME : UNE MISE EN PRATIQUE DU DÉVELOPPEMENT DURABLE

Le Green Art au cœur de l'agriculture et au service de l'agrotourisme

Par Ange-Mireille GNAO

« *On ne peut pas peindre du blanc sur du blanc, du noir sur du noir.*
Chacun a besoin de l'autre pour s'affirmer ! »
Georges YAO

Tout a commencé en **juillet 2019,** lors d'un voyage en Côte d'Ivoire où j'ai fait la rencontre d'un grand artiste peintre plasticien ivoirien qui s'appelle Georges YAO. Il était finaliste du concours international « **Art Révolution** » qui s'était déroulé à Taipei, à Taiwan, au mois d'août 2020.

Ainsi, dans le cadre de **notre Forum Haltes Aux Entrepreneurs Voyageurs**, l'artiste plasticien nous a rejoints dans cette belle initiative en réalisant un Tableau « **Portrait de la Reine Abla Pokou** ».

Ce tableau a été réalisé avec de la matière première locale comme l'Hévéa. C'est très intéressant, car en 2019, il a été finaliste du concours « Art Revolution Taipei » et en 2020, pour la deuxième fois consécutive, il a été finaliste du concours « **Art Revolution Taipei** ».

C'est un artiste qui organise de nombreux **ateliers de peinture pour les Abidjanais,** mais également pour les enfants et adultes du monde entier. Il fait aussi visiter son humble atelier à **La maison des artistes,** située au Grand-Bassam en Côte d'Ivoire. Il participe à de nombreux événements autour de la **protection de l'environnement et l'engagement humanitaire.**

Avec cette collaboration, Georges YAO est devenu l'un des ambassadeurs du forum Halte aux Entrepreneurs Voyageurs, programme de l'agence BussyEducom, labellisé par l'ONU Femmes France dans le cadre de la campagne Génération Égalité. Son objectif est de valoriser et de promouvoir les femmes entrepreneures spécialisées dans l'agriculture et l'artisanat. L'objectif est d'accompagner les entreprises et les associations dans l'organisation d'un voyage d'affaires afin de trouver des opportunités de développement à l'international (Côte d'Ivoire, France, États-Unis, Allemagne, Sénégal).

Dans le cadre de ce Forum Haltes aux Entrepreneurs Voyageurs, Augustin TAPE, journaliste à la Radio Côte d'Ivoire et Fréquence 2 du groupe RTI (présentateur du journal parlé et assistant-producteur d'un magazine sur l'agriculture ESPACE AGRICOLE) a interviewé l'artiste plasticien Georges YAO, président de la Maison des Artistes Plasticiens de Grand-Bassam. Augustin TAPE avait effectué une visite guidée à l'atelier de Georges YAO qui a présenté son parcours en tant qu'artiste. Tout petit déjà, il dessinait, faisait des petits croquis, des graffitis sur les murs. À l'école, selon ses amis de classe, il dessinait bien et on n'hésitait pas à le féliciter pour son talent. Au départ, il ne savait pas ce qu'il faisait ni ce que ça pouvait donner comme résultat. C'est plus tard qu'il a rencontré un artiste plasticien à Abidjan qui a accepté de l'accueillir dans son atelier où il a passé cinq années d'apprentissage. De 1985 à 1990, il a pu acquérir les notions élémentaires de la peinture, ce qui lui a permis de voler de ses propres ailes à partir de 1990.

En 1991, il a pu se présenter au concours de peinture lancé par la Fondation SIFCA comme Afrique. Il a obtenu le deuxième prix de cette première édition du concours Peinture Tremplin 1991 et a pu continuer à faire son petit bonhomme de chemin. En 1995, il a obtenu également le deuxième prix du même concours. En 1998, il a obtenu la mention spéciale de la Fondation Panafcom à Abidjan. Plus tard, il a reçu d'autres prix, le Prix de la valeur culturelle Sud de la ville de Samba, il a pu être finaliste en 2019 et 2020 du concours international Art Revolution Taipei 2019. Raison pour laquelle nous avions initié une collaboration avec l'artiste plasticien Georges YAO qui, à travers le forum Halte aux entrepreneurs sur l'agriculture responsable en Afrique et dans les Caraïbes, organisé à l'occasion de la Journée de la femme du 8 mars 2020 a pu rendre un hommage à la Reine Abla Pokou et parler de la femme qui est au centre du travail qu'elle essaie de faire. La Reine Abla POKOU, selon Georges YAO, est une référence et, à travers ce projet, il souhaite l'honorer. Les couleurs effectivement ont un message à apporter dans ces œuvres, comme le tableau de la Reine Abla POKOU. Georges YAO utilise très souvent le jaune qui alterne quelquefois avec le bleu. Disons que les couleurs primaires dominent. Selon lui, le jaune, c'est la lumière, c'est la richesse, c'est la noblesse. La femme, c'est la richesse que « Dieu » nous donne, c'est notre fierté, c'est le beau. C'est ce beau, c'est cette richesse, c'est ce bonheur qu'il traduit par le jaune qui est la lumière, qui permet de vivre une vie vraiment heureuse. C'est la femme. C'est d'abord celle qui donne la vie, qui allaite, qui nourrit et qui permet qu'aujourd'hui chacun de nous ait une éducation de base parce que c'est par elle que nous recevons notre première éducation. Alors, à travers ce projet sur l'agriculture responsable en Afrique et dans les Caraïbes, Georges YAO rend hommage à la femme. Comme il tient à le souligner, *« C'est pour dire que la femme est tout pour nous, c'est notre maman, c'est notre femme. »* **En se promenant dans son atelier situé en face du Musée des costumes de Côte d'Ivoire,** l'œuvre qu'il devait présenter à l'exposition de la Journée de la femme le 8 mars 2020 est accrochée avec d'autres de ses œuvres. L'exposition n'a pas pu se tenir à cause d'un événement malheureux que tout le monde connaît, le

Covid-19. Pour revenir à l'image qui est là, c'est la Reine d'Abla Pokou qu'il a souhaité représenter. Selon lui, la reine est un modèle, c'est la référence qui nous donne véritablement confiance en nous. La Reine Abla Pokou est un modèle que la femme doit suivre. Et nous avons voulu essayer de mettre cette femme-là comme miroir, comme modèle pour la femme africaine d'aujourd'hui parce que cette femme a donné le meilleur d'elle-même pour son fils : pour que le groupe Akan à l'époque puisse traverser le fleuve Comoé, pour que des hommes et des femmes puissent sauver leur vie. La reine Abla Pokou a joué un rôle important dans l'histoire des Akans. C'est un hommage qu'il a décidé de lui rendre et présenter un peu son histoire sur huit tableaux. Ce n'est que partie remise, mais je crois que cette exposition verra le jour dans un futur proche.

Ainsi, pour apporter sa contribution à ce projet, l'intervention de Georges YAO devait faire le lien entre l'agrotourisme et le Green Art en faisant appel aux produits agricoles. Quand on regarde ces effets de matières, ces matériaux qu'il utilise, il y a toujours des produits agricoles qui sont impliqués. Il utilise la colle d'hévéa pour les mélanges, pour pouvoir apporter une solidité des empâtements ou des effets de relief qui assurent la pérennité de toutes ces œuvres. Raison pour laquelle Georges YAO soutient cette belle initiative en sensibilisant les jeunes artistes locaux à utiliser les matériaux locaux, voire des produits agricoles, pour créer et innover dans leur production artistique. Son objectif est de faire ressortir cette dimension agricole concernant l'agrotourisme. L'agrotourisme, selon Georges YAO, est encouragé parce que c'est un projet qui permettra aux touristes de découvrir les valeurs africaines. Les touristes qui arrivent sur le continent africain, dans des pays comme la Côte d'Ivoire, le Sénégal, le Bénin, doivent comprendre que les artistes africains ont des atouts, que les femmes agricultrices ont beaucoup de potentialité agricole. Au niveau de l'agriculture, ce secteur mérite d'être soutenu, d'être encouragé, d'être accompagné. Ce qui est important à retenir, c'est qu'amener le touriste, les hommes et les femmes qui aiment bien le secteur agricole, c'est aider l'agriculture en ce qui concerne les femmes, surtout parce que les femmes aussi sont des actrices de l'agriculture. Elles travaillent beaucoup dans le domaine agricole et donc les groupements de femmes qui exercent dans ce domaine méritent d'être soutenus. D'ailleurs, Georges YAO estime qu'il est important de ne pas oublier l'effort des mamans dans le secteur agricole qui est bien soutenu par les jeunes entrepreneurs issus de la diaspora qui les accompagnent par l'agrotourisme à avoir des revenus complémentaires afin de pouvoir financer l'éducation de leurs enfants.

Pour revenir au talent de Georges YAO, à travers ces œuvres, force est de constater que son style est assez singulier dans la mesure où il se démarque un peu des autres par des effets de surfaces, des effets de matières, de reliefs, des empâtements plus ou moins épais. Dans sa démarche technique plastique, il essaie de mettre des couleurs, de les faire vivre, de les faire rêver et de présenter des scènes de marchés, des scènes de la rue, des scènes de la vie quotidienne ; même des scènes de la vie vivante. Lorsqu'il peint, selon lui, c'est un témoignage qu'il rend, qu'il apporte. Il est témoin de son environnement, témoin de son époque. C'est un choix artistique qui fait de lui un impressionniste singulier. Il travaille sur différentes thématiques comme dans le tableau dont le titre est la Caravane. C'est un groupe de personnes qui se déplacent aujourd'hui et qui voyagent avec des baluchons, d'autres avec des parasols, d'autres sur des chevaux. C'est toute l'Afrique qu'il présente sur ce tableau. Ce qui est important à retenir, c'est le mouvement, les effets de matières, les effets de relief. C'est un tableau qui parle de lui-même. Les mots ne sont pas suffisamment forts parce qu'il faut découvrir, il faut voir pour apprécier, pour comprendre. Un joli dessin ou un tableau de ce genre vaut mieux qu'un long discours, comme il ne cesse de le répéter. À travers ses productions sur le mur extérieur de son atelier, il permet de valoriser, de donner une vie extérieure au musée de costume de Grand-Bassam. Il faut voir et il faut vraiment décortiquer ces œuvres de Street Art, ces tableaux conçus à partir de matériaux utilisés, de la matière et de tout ce qu'on peut voir pour faire vivre l'œuvre.

Pour finir, nous pouvons apercevoir un tableau d'un marché. Le marché, c'est toute l'Afrique. Georges YAO peint beaucoup les scènes de marché parce que selon lui, le marché, c'est le lieu où la liberté, l'hospitalité, le dialogue se définissent. Au marché, il y a d'abord l'hospitalité de la femme, de la commerçante, la liberté de circuler, la liberté de choisir et même de discuter les prix. C'est toute l'Afrique, parce que là-bas, il y a le sourire, il y a l'accueil. Cette hospitalité-là est propre à l'Afrique et lorsqu'on arrive au marché, au-delà de la diversité des couleurs qui nous accueillent, au-delà de la féerie des couleurs, il y a une cohabitation de toutes les nationalités. On peut trouver au marché des Ivoiriens, des Nigérians, des Maliens. Toutes les communautés, toutes les nationalités de l'Afrique se retrouvent au marché. Et en peignant le marché, c'est toute l'Afrique que je peins et c'est la beauté de l'Afrique et c'est l'hospitalité, l'unité de l'Afrique à laquelle il fait rêver à travers la Green Art.

Agrotourisme : Source de revenus complémentaires et d'opportunités de développement de l'agriculture durable pour les agriculteurs africains et caribéens

Par Wilsonn LABOSSIERE
Enseignant-chercheur, docteur en Sciences de Gestion, spécialisé en communication et marketing multiculturel
Ingénieur agronome spécialisé en Science et Technologie des Aliments et Agrobusiness

« L'Agrotouris me est une pratique qui peut avoir de nombreux bienfaits pour la santé »
Julie Aubé, nutritionniste chez Extenso

1. Introduction

Depuis la parution du rapport « Notre avenir à tous » (*Our Common Futur*) en 1987, communément appelé rapport Brundtland ou document qui rassemble les paragraphes du texte fondateur du concept de « développement durable », les habitants de la planète ont commencé à avoir une conscience responsable sur la manière dont ils occupent leur espace vital et leurs relations aux autres êtres vivants qui occupent la planète.

Le concept de « développement durable[38] » permet pour toute entité économique d'appréhender la croissance économique à long terme tout en l'intégrant dans les contraintes environnementales et sociétales. En tenant compte du concept de développement durable, chaque entité économique doit penser aux conséquences de ses actions à l'échelle planétaire avant de mener sa démarche stratégique locale. D'où la naissance de la nouvelle démarche : « Penser global, agir local », mais d'une manière responsable à l'égard des générations futures.

Pour des questions philosophiques et éthiques, notamment en ce qui a trait aux inégalités d'accès aux ressources pour les habitants de la planète et à l'apogée des huit Objectifs du Millénaire pour le Développement (OMD), l'Organisation des Nations Unies (ONU) a décidé d'adopter en septembre 2015 un acte cosigné par 193 pays membres. Connu sous le nom d'Objectifs de Développement Durable (ODD), cet acte constitue l'Agenda de l'ONU pour 2030 qui inclut dix-sept objectifs dont les finalités sont les suivantes : « Éradiquer la pauvreté sous toutes ses formes et dans tous les pays, protéger la planète et garantir la prospérité pour tous ». Des objectifs qui concrétisent les promesses du rapport Brundtland et qui concernent tous les secteurs de la planète comme la santé, l'éducation, la culture, l'agriculture...

Ces objectifs touchent également le secteur touristique dans lequel certains voyeurs, vacanciers, touristes ou autres intègrent de plus en plus les notions écoresponsables dans leurs démarches. Ainsi, on voit apparaître des concepts qui se popularisent autour du « tourisme responsable » comme : excursionnisme, écotourisme, locatourisme, tourisme alternatif, tourisme autochtone ou tourisme ethnique, tourisme durable, tourisme équitable, tourisme

---

[38] Le développement durable est basé sur différents piliers : environnemental, social et économique

solidaire, tourisme participatif, agrotourisme… La majorité de ces concepts existaient avant même le rapport de Brundtland. Cependant, c'est sa publication qui a facilité leur diffusion.

Maintenant, faisons un focus sur l'agrotourisme, un secteur en pleine croissance en Europe. Ce concept pourrait avoir des origines lointaines, notamment avec la naissance en Europe, au XVIe siècle, des espaces destinés à l'étude de la botanique et aux soins par les plantes (ex. : entre 1543 et 1568 en Italie ; 1590 en Hollande, 1593 en France). Des origines, pour des raisons d'une part scientifiques et médicales, ont facilité la création du « Jardin royal des plantes médicinales » en 1635 ; d'autre part, des raisons d'adaptation climatique ont facilité l'apparition des « jardins d'acclimatation » en 1770, qui à leur tour sont devenus, au XXIe siècle, des jardins botaniques ou jardins publics. Cependant, selon les informations rapportées par l'agence Passion Terre, les vraies activités agrotouristiques pourraient avoir ses débuts en Italie, mais sa vraie origine semblerait remonter de la fin du XIXe siècle, dans la région du Tyrol, en Autriche, avec des paysans qui offraient des possibilités d'hébergement au sein de leur ferme[39]. Depuis le rapport Brundtland, les citoyens de la planète sont de plus en plus exigeants en matière de gestes écoresponsables, ce qui représente un atout considérable à l'agrotourisme. Ainsi, son développement est bénéfique à la fois pour la société et pour les agriculteurs, car il représente des revenus complémentaires considérables de ces derniers et, de leur côté, les usagers profitent du bien-être de la ferme et de la nourriture fraîche.

---

[39] L'agrotourisme : information issue du site de l'agence Passion Terre, dans la rubrique « Tourisme Durable », sous rubrique des définitions/Agrotourisme. https://passionterre.com/agrotourisme/ [Consulté le 16 novembre 2020].

Par ailleurs, cette forme de tourisme n'est pas spécifique à l'Europe, car les autres continents comme l'Amérique, l'Afrique, l'Asie… le pratiquent également. À titre d'information, un article publié dans Le Quotidien du Peuple en ligne (frenchpeople.com.cn) le 7 avril 2013 a titré que « Des agriculteurs chinois font fortune grâce à l'agrotourisme »[40]. L'article explique comment « Haiwan Ferme » a reçu environ 20 000 visiteurs en 2012 et collecté l'équivalent de 7,6 millions de dollars de recettes. Dans le cas du continent africain, on peut se rappeler comment la Côte d'Ivoire avait misé sur le chocolat pour relancer son secteur touristique en 2012. Ainsi, un article rédigé par Michèle SANI le jeudi 20 septembre 2012 et publié dans le tourmag.com a mentionné : « C'est sous le signe du chocolat et de l'agrotourisme au cœur des plantations de cacao que les responsables du tourisme ivoirien placent leur campagne »[41]. Aussi, le Centre Régional Songhaï, créé depuis octobre 1985 à Porto-Novo, est un bon exemple d'attrait d'agrotouristique.

En ce qui concerne les Caraïbes, la conférence des chefs de gouvernement de la Communauté Caribéenne (CARICOM), qui s'est déroulée du 12 au 14 février 2007 à Saint-Vincent et aux Grenadines, a bien intégré l'agrotourisme dans son rapport comme activités à développer dans le cadre du Marché et l'Économie unique

---

[40] Voir le Quotidien du Peuple en ligne. Des agriculteurs chinois font fortune grâce à l'agritourisme, 07 avril 2012 http://french.peopledaily.com.cn/8197815.html [Consulté le 16 novembre 2020]

[41] Michèle SANI (le jeudi 20 septembre 2012), « Après 11 ans de crise la Côte d'Ivoire relance son tourisme sous le signe du… chocolat ! » https://www.tourmag.com/Apres-11-ans-de-crise-la-Cote-d-Ivoire-relance-son-tourisme-sous-le-signe-du-chocolat-_a54128.html https://passionterre.com/agrotourisme/ [Consulté le 16 novembre 2020].

de la CARICOM. Des pays comme la Dominique, la Guadeloupe, Haïti, la Martinique, la République dominicaine s'investissent mieux que mal dans le secteur agrotouristique.

Face à l'évolution de notre société, les touristes et/ou voyageurs recherchent de plus en plus des moments d'évasion, de calme, de découverte et d'apprentissage... de la façon la plus exigeante et écoresponsable possible. Ainsi, l'Afrique et les Caraïbes présentent d'énormes potentialités en matière agrotouristique pour offrir aux clients des services répondant à leurs besoins et leurs désirs.

Partant de ce contexte, il est important de se questionner sur la façon dont l'Afrique et les Caraïbes peuvent développer l'agrotourisme afin de mieux saisir les opportunités qu'offre ce secteur.
Pour répondre à cette question, il faut premièrement regarder comment l'agrotourisme se pratique dans les autres parties du monde (Europe, Océanie, Asie, Amériques continentales) ; deuxièmement, présenter les modes de pratique de l'agrotourisme en Afrique et dans les Caraïbes ; puis, présenter d'éventuelles faiblesses de ce secteur sur ces deux territoires avant de terminer avec quelques pistes de solutions.

2. Quelques généralités sur l'agrotourisme
L'agrotourisme est une activité complémentaire à l'exploitation agricole et développée par un exploitant. Son développement est basé sur une démarche responsable et intégrée aux objectifs du développement durable (ODD). En respectant les principes stipulés par les ODD, les acteurs de ces secteurs sont contraints à respecter certaines règles de bonnes pratiques raisonnées et écoresponsables. Ainsi,

pour un agriculteur, c'est l'occasion idéale pour faire découvrir son univers professionnel à des publics parfois ignorants de l'importance d'un agriculteur au sein de la société et les finalités d'une exploitation agricole dans un pays. Dans le cas contraire, c'est l'occasion pour le touriste visiteur de découvrir le mode de fonctionnement d'une exploitation et de se rendre compte de la place qu'occupe l'agriculteur dans le circuit de la production alimentaire ainsi que la découverte des richesses d'un village ou d'une collectivité donnée.

Pour rappel, la pratique de l'agrotourisme telle qu'elle se présente de nos jours remonte à la fin du XIXe siècle dans la région du Tyrol, en Autriche, avec des paysans qui offraient des possibilités d'hébergement au sein de leur ferme. Cependant, cette pratique ne se résume pas à l'unique possibilité d'hébergement dans la ferme. En tant que forme de tourisme durable sur plusieurs points :
- Sur le plan socio-économique : c'est une source financière pour les agriculteurs et les profits générés par cette branche leur permettent de pérenniser leur activité et leur savoir-faire ;
- Sur le plan sociétal : c'est un bon moyen pour la collectivité dans laquelle la ferme est implantée de valoriser l'identité et la diversité de richesse du territoire.

3. Quelques variantes autour de l'agrotourisme

Il existe plusieurs activités parfois connexes à l'agrotourisme. Elles peuvent cependant porter à confusion dans la tête de l'intéressé. Il est donc important d'en présenter quelques-unes de manière descriptive afin que tous les aspirants au secteur de l'agrotourisme soient en mesure de mieux se fixer et de les différencier. Parmi les variantes existantes, voici une liste non exhaustive dont la description peut aider à les différencier :

3.1. Tourisme rural
Le tourisme rural est une forme de tourisme que l'on pratique en milieu rural et qui permet aux touristes ou autres visiteurs d'aller à la découverte d'une zone donnée dans son ensemble. La découverte concerne les habitants, les richesses culturelles locales, l'artisanat local, les sites historiques, les produits du terroir, le paysage agraire et notamment les exploitations agricoles et leurs composantes (voir l'agrotourisme) et les ateliers de transformation des produits agricoles (Berriane et Aderghal, 2012).
Pour une zone rurale donnée, le développement de ce type de tourisme nécessite la disponibilité de certains services comme : des hébergements appropriés (chambres d'hôtes, gîtes ruraux, auberges rurales...), de la restauration (restaurant du village, table d'hôtes, dégustation de spécialités locales, de produits du terroir...) et des activités de loisirs (randonnées, activités de pleine nature, folklore local, atelier artistique, visites du patrimoine rural, visite des lieux insolites et naturels...).
Ces services peuvent être proposés par un seul acteur (dans le cas où le touriste est accueilli dans la ferme qui offre à la fois hébergement, restauration et des loisirs complets. Exemple : œnotourisme) ou plusieurs acteurs (le cas le plus courant).
Ce type de tourisme est très enrichissant, car les visiteurs repartent toujours comblés avec des connaissances apprises à la fois sur la zone, sur le folklore et la culture locale ainsi que sur des métiers ou spécialités de la zone (ex. : apprentissage de la cuisine du terroir, cueillette de fruits, plantation d'arbres, cuisiner un certain type de plat, etc.).

3.2. Tourisme de jardins
Le tourisme de jardins consiste à visiter un lieu significatif dans l'histoire du jardinage du territoire concerné, qu'il soit en milieu rural ou urbain. Les personnes qui pratiquent ce genre de tourisme peuvent être motivées par les découvertes d'espèces d'arbres très rares (ex. : des arboretums), la respiration d'un air parfumé par le dégagement d'odeurs des plantes naturelles (ex. : plantes aromatiques) ou des endroits qui leur permettent de mieux se rapprocher de la nature (ex. : les jardins botaniques, les jardins publics, les jardins d'expérimentation, les espaces verts urbains, les vergers…).
Comme lieux ou jardins très célèbres à visiter, nous avons : le jardin botanique des Cayes en Haïti, le jardin de Stourhead en Angleterre, les jardins de Giverny en France, le Ryoan-ji au Japon (une particularité, car le jardin est en pierres), le jardin des Pamplemousses à l'île Maurice, le jardin d'Éden à la Réunion, etc.

3.3. Écotourisme
L'écotourisme, communément appelé « tourisme vert », est une forme de tourisme durable dont la stratégie des acteurs est centrée sur la découverte de la nature. Cette forme intègre au sens large l'agrotourisme, le tourisme rural, le tourisme des jardins, le géotourisme (pratiqué dans le but de préserver et de valoriser les caractéristiques géographiques d'un lieu donné. Exemple : l'environnement, le patrimoine, la culture, le mode de vie des habitants, etc.), l'aquatourisme (pratiqué dans le but d'éduquer le grand public au milieu aquatique et à la gestion halieutique), le tourisme fluvial (pratiqué sur les rivières, les fleuves, les canaux, etc.), le tourisme montagnard (pratiqué à la montagne, il remonte au XVIIIe siècle), etc.

3.4. Tourisme autochtone
Le tourisme autochtone, communément appelé « tourisme communautaire » ou « tourisme ethnique » (Labossière, 2014), est une forme de tourisme participatif permettant aux voyageurs de découvrir les habitants, souvent considérés comme les premiers peuples d'un territoire (ex. : les Inuits au Canada, les Nénètses en Sibérie, les Massaïs en Afrique de l'Est, etc.). C'est l'occasion pour ses habitants de valoriser leur savoir-faire et leur culture auprès de voyageurs[42]. Ainsi, pour tout voyageur, c'est l'occasion rêvée pour entrer en contact direct avec le patrimoine culturel et le patrimoine naturel, qui existent dans les communautés, les espaces à caractère ancestral et les traditions et coutumes (Herrera, 2016).

Ce tourisme inclut les communautés locales d'accueil, car il repose en effet sur « l'engagement des populations locales à participer à la planification, l'organisation et la rétribution des bénéfices (Delisle et Jolin, 2007 ; Blangy, McGinley, et HARvEy lEMElIN, 2010). Ainsi, cette activité touristique permet de mettre en lumière certaines communautés et pratiques qui restent dans l'ombre, dans ce cas de prolonger et de préserver des traditions et pratiques culturelles en péril qui pourraient disparaître sans laisser aucune trace.

3.5. Tourisme équitable
Le tourisme équitable est une forme de tourisme responsable dont la définition est réglementée depuis janvier 2009 par la « Charte du Tourisme équitable »[43]. Il

---

[42] Photo tirée de l'article L'Alberta met l'accent sur la croissance du tourisme autochtone, 18 mai 2017.
https://indigenoustourism.ca/corporate/fr/alberta-steps-help-grow-indigenous-tourism/ [Consulté le 19 novembre 2020]
[43] Croq'Nature : tourisme équitable et solidair :
https://www.croqnature.com/tourisme-equitable-et-solidair-en-toute-transparence/ [Consulté le 18 novembre 2020]

est basé sur les principes du commerce équitable. Comme pour le tourisme autochtone, il repose sur la participation des communautés d'accueil, le partage équitable des profits entre les acteurs. Pour le voyageur, c'est le respect des communautés locales et de l'environnement qui prime (Weeden, 2002), au regard du rapport Brundtland publié par la Commission Mondiale pour l'Environnement et le Développement.

3.6. Tourisme solidaire

Le tourisme solidaire est une forme de tourisme responsable et durable qui, en plus d'inclure les principes du tourisme équitable, va plus loin que la définition qui lui est attribuée par le RITIMO[44], à savoir : « Le tourisme solidaire, s'inscrivant à la fois dans une perspective "responsable" et "équitable", mais plus directement associé à des projets de solidarité : soit que le voyagiste soutienne des actions de développement, soit qu'une partie du prix du voyage serve au financement d'un projet de réhabilitation ou d'un projet social. »

Ce type de tourisme exige des prestations de services collaboratifs comme : les coopératives agricoles, les associations de femmes, les groupements de villageois, etc. La force de ce concept réside dans l'honnêteté et la transparence de ce qui a trait à la distribution des ressources.

Tourisme solidaire et équitable - Définitions, actualités et ressources ; https://www.voyageons-autrement.com/index/tourisme-solidaire/definitions-tourisme-solidaire/ [Consulté le 18 novembre 2020]

[44] RITIMO c'est : Réseau d'Information et de Documentation pour le Développement durable et la Solidarité internationale

3.8. Tourisme participatif

Le tourisme solidaire est une forme de tourisme responsable qui exige une participation des acteurs comme la population d'accueil aux activités touristiques ou les visiteurs à la vie locale du territoire visité[45]. Cette forme du tourisme est réalisée dans un cadre non marchand et tire son originalité du libre choix de chacune des parties (visiteur et accueillant). Elle se développe de plus en plus en Europe et permet de repenser la relation entre touristes et résidents, et de redonner vie à la notion d'hospitalité qui tend à disparaître.

Le tourisme participatif permet de répondre aux besoins de visiteurs recherchant l'authenticité et la vérité, animés par la volonté de tisser des liens avec les habitants (et vice-versa). Ainsi, depuis l'avènement de l'internet 2.0 au début des années 2000, avec notamment la création de communautés sur les réseaux sociaux virtuels, on assiste à un développement important du tourisme participatif. Les réseaux sociaux ont facilité le partage d'expériences et les échanges de préoccupations communes.

Toutes ces formes de tourisme responsable et durable sont des formes alternatives, connexes à l'agrotourisme. Ainsi les paragraphes suivants sont consacrés à des descriptions de l'agrotourisme, ses exigences, ses pratiques à travers le monde, avec un focus sur l'Afrique et les Caraïbes.

4. Agritourisme (ou agrotourisme)

Traditionnellement appelé « tourisme à la ferme » ou encore « tourisme agricole », c'est une activité touristique qui a pour but de faire découvrir les savoir-faire agricoles d'un territoire donné, y compris ses paysages, ses pratiques

---

[45] Expérimental, Tourisme participatif à Huayllaphara. http://www.peru-cusco.com/tour-tourisme-participatif-a-huayllaphara-fr [Consulté le 19 novembre 2020]

sociales et ses spécialités culinaires. Dans ce genre de tourisme, l'hôte est exclusivement un agriculteur ou un exploitant agricole qui offre des chambres d'hôtes ou des gîtes, met à la disposition des services l'attrait de la ferme (service de loisirs, nourriture fraîche) pour les visiteurs (pratique de la pêche, promenade équestre, découverte botanique, découverte zoologique…). Pour ainsi dire, cette forme d'activité touristique a le vent en poupe grâce à l'essor de l'agriculture biologique et la démocratisation des approches de la durabilité. Cependant, l'approche peut être différente d'un pays à l'autre ou d'un continent à l'autre, c'est-à-dire qu'entre un agriculteur sénégalais et un agriculteur allemand, l'offre agrotouristique sera différente.

Par ailleurs, comme pour tout autre secteur, les professionnels de l'agrotourisme doivent réunir certaines conditions afin de satisfaire les exigences de ce secteur. De ce fait, il est important de présenter certaines exigences du secteur pour que l'offre soit à la hauteur des attentes du marché. Ainsi, les paragraphes ci-dessous sont consacrés à la présentation de quelques exigences à accomplir pour tout professionnel qui pratique cette activité.

4.1. Quelques exigences de la pratique de l'agrotourisme
À partir de la description faite des types de tourisme durable présentés plus haut, il est important de souligner quelques exigences à respecter pour que l'offre proposée soit conforme à l'activité agrotouristique. Voici une liste non exhaustive des exigences à respecter dans la pratique de l'agrotourisme :
- Proposer une offre de service qui est à la fois inspirante et formatrice pour les visiteurs sur le plan agricole et agrotouristique ;
- L'offre agrotouristique dispose un service d'hébergement « à la ferme » de l'exploitant agricole ;

- La ferme qui accueille le visiteur doit être à la fois en activité et délivrer un service « de divertissement ou d'éducation » sur des notions comme l'atmosphère du milieu agricole, le paysage, l'identité du terroir, la dégustation, la communication… ;
- L'offre de service répond aux critères du développement durable qui y sont alloués au regard de la Charte du tourisme durable (Charte, 1995) ;
- L'offre touristique doit être une activité complémentaire qui s'inscrit dans le prolongement de l'exploitation (Begon et Disez 1995, p.121). C'est-à-dire qu'elle ne peut en aucun cas prendre plus de place dans l'emploi du temps annuel de l'agriculteur et que le revenu généré soit inférieur au revenu issu de l'activité de production agricole ;
- La qualité d'accueil doit être irréprochable dès la production du service et jusqu'à sa consommation finale ;
- Le service d'accueil vient de l'exploitant agricole et fait partie de l'exploitation. En aucun cas, l'agriculteur n'a pas le droit de faire appel à un prestataire extérieur à l'exploitation pour assurer le service d'accueil ou d'accompagnement des visiteurs ;
- Les produits écoulés par l'exploitant aux visiteurs dans le cadre de cette activité touristique (produits artisanaux, produits de la restauration, produits de la dégustation) doivent en grande partie venir directement de l'exploitation ;
- L'accueil du visiteur avec beaucoup d'hospitalité, d'énergie et d'enthousiasme ;
- L'exploitation agricole doit être un support social à l'activité touristique (accueil, hébergement, restauration, divertissement, apprentissage…) ;
- Le temps de travail consacré par l'agriculteur à l'activité de l'offre touristique doit être inférieur au temps de travail consacré à la mise en valeur de l'exploitation agricole. Dans

le cas contraire, l'exploitant perd son titre d'agriculteur et se transforme en agent touristique ;
- Les équipements alloués à l'activité touristique doivent être confortables et de qualité écoresponsable. Nulle négligence n'est acceptée ;
- Les activités sélectionnées pour divertir les visiteurs doivent être innovantes et sortir de l'ordinaire. Cela dit, l'exploitant doit faire en sorte que chaque visiteur qui arrive sur son exploitation puisse profiter d'une expérience écoludique inoubliable.

D'autres critères faisant partie du tourisme durable peuvent être associés à ceux proposés dans la liste ci-dessus, dans la mesure où les services sont assurés par l'exploitant agricole (ex. : visiter un site historique, assister à une prestation culturelle locale, se baigner dans une rivière, etc.).

4.2. Agrotourisme au service des ODD

Au-delà des exigences à respecter, la pratique de l'activité agrotouristique participe dans les ODD avec d'autres aspects. En s'inspirant d'un article du site de l'Organisation Mondiale du Tourisme (OMT), qui s'intitule « LE TOURISME DANS LE PROGRAMME 2030[46] », la pratique agrotouristique est un tremplin pour les ODD comme illustrent les paragraphes ci-dessous :

Égalité entre les sexes et autonomie des femmes : dans certains cas, elle permet à la femme de l'agriculteur de sortir de l'ombre de son mari, car c'est elle qui s'occupe de l'accueil, de la restauration, de la vente, de la réservation, la plus grande partie des activités de divertissement… ce qui représente des contributions sociales importantes dans

---

[46] OMT : LE TOURISME DANS LE PROGRAMME 2030 https://www.unwto.org/fr/le-tourisme-dans-le-programme-2030

le processus de l'égalité femmes-hommes. C'est aussi une activité qui attire les femmes tout en leur permettant d'assurer leur autonomie économique au sein de la société.

La lutte contre la pauvreté : l'activité agrotouristique permet à certaines communautés locales de compléter les activités agricoles traditionnelles tout en générant des revenus supplémentaires. Les retombées économiques tirées de ce type de tourisme participent au développement communautaire qui est à son tour relié à la réduction de la pauvreté.

La question de la santé : pour l'agriculteur des communautés rurales enclavées, souvent privées de services de santé ou qui n'a pas assez de moyens pour se faire soigner en cas de maladie, l'activité agrotouristique est une source de revenus qu'il peut utiliser en cas de complication médicale. Pour le visiteur, le voyage agrotouristique procure des répercussions sur sa santé et son bien-être, car les visites à la ferme lui permettent d'évacuer les mauvaises ondes de la vie de tous les jours et de remplir ses poumons avec de l'air naturel frais de la ferme, sans oublier la consommation de la nourriture saine.

Communautés durables : l'offre agrotourisme exige d'une part de l'exploitant agricole de procéder à des améliorations dans la ferme ; aux autorités de faire des aménagements en matière d'infrastructure communautaire et d'accessibilité universelle, et des travaux de préservation du patrimoine culturel et naturel.

Production et consommation responsables : l'activité agrotouristique exige de valoriser la production locale et la vente des produits locaux. De plus, c'est également une activité qui exige un mode de consommation et de production durables.

Vie terrestre et lutte contre les changements climatiques : par comparaison au tourisme de masse, l'agrotourisme est une activité qui participe à la réduction de la consommation d'énergie, plus particulièrement dans les transports et l'hébergement. Aussi, elle permet d'utiliser des sources d'énergie renouvelable.

Éducation de qualité : l'activité agrotouristique peut inciter l'agriculteur à investir dans l'éducation et la formation professionnelle de qualité notamment sur les normes et certifications en matière du tourisme durable afin que son offre soit à la hauteur des attentes des visiteurs. De même pour une région de forte potentialité agricole qui se lance dans l'agrotourisme, d'investir dans l'éducation et la formation afin d'avoir de la main-d'œuvre compétente et bien formée.

La mise en place d'une stratégie de développement d'offre agrotouristique intègre également soit directement ou indirectement d'autres points des ODD comme lutte contre la faim par la mise en place d'une politique pour accroître la production locale afin d'ajouter de la valeur dans l'offre touristique ; l'eau et l'assainissement la mise en place des mesures appropriées en matière de sécurité sanitaire, de gestion des déchets et de disponibilité en eau potable afin de bien desservir les visiteurs ; les énergies fiables, durables et modernes par l'utilisation des sous-produits de la ferme comme combustibles ou d'autres types d'énergie contribuent à réduire l'effet de serre ; la création d'emplois où l'état peut mettre en œuvre des politiques qui facilitent des débouchés dans le domaine culturel ou dans la production et la mise en valeur des produits locaux ; des infrastructures résilientes passent notamment par la création écoresponsable des gîtes d'accueil ou des chalets sur l'exploitation agricole ; la réduction des inégalités par l'intégration des populations locales et toutes les parties prenantes de la communauté dans la stratégie agrotouristique communautaire ; la Justice et la paix par l'intégration de toutes les parties prenantes de la communauté dans la stratégie agrotouristique peuvent favoriser la tolérance et l'entente interculturelles et interconfessionnelles tout en faisant de la prévention de la violence et des conflits ; enfin, la mise en place de l'offre agrotouristique facilite les partenariats entre les différentes parties prenantes.

Après ces généralités sur l'agrotourisme et ses contours, il est important de présenter quelques exemples de pratique de l'agrotourisme dans le monde, avec des particularités sur les Caraïbes et l'Afrique.

5. Pratique de l'agrotourisme dans le monde
Comme mentionné dans les généralités, la pratique de l'agrotourisme peut être différente d'un pays à l'autre et d'un continent à l'autre. C'est la raison pour laquelle il est important de faire découvrir au lecteur comment cette activité se déroule dans certaines parties du monde telles que l'Europe, l'Amérique, l'Asie, l'Océanie.

5.1. Agrotourisme en Europe
En Europe, l'activité agrotouristique est à la fois très réglementée et varie d'un pays à l'autre, d'une région à l'autre et d'une filière à l'autre, etc. Elle se développe de plus en plus et rentre dans la panoplie des diversifications pratiquées sur les exploitations agricoles. Ainsi, un

communiqué de presse publié sur le site « Un Lit au Pré »[47] le 24 juin 2016 rappelle que l'Union européenne soutient l'agrotourisme intrinsèquement par l'intermédiaire du financement consacré aux diversifications, dont la promesse du Fonds Européen Agricole pour le Développement Rural (FEADER) qui, pour l'année 2020, s'élève à hauteur de 161 milliards d'euros.

Ainsi, des pays comme la France développement des labels de certification qui permettent d'assurer une certaine qualité en matière d'activité agrotouristique (ex. : Accueil paysan, Bienvenue à la ferme, Terroirs des hommes, TAMADI, Oh la Vache !).
Des formes plus volontaires sont également développées comme le « Woofing[48] », une expérience éducative dans une ferme qui pratique de l'agriculture biologique. C'est une forme de partage où les voyageurs participent activement aux activités de la ferme et, en contrepartie, sont logés et nourris gratuitement.
En dehors de ces formes diversifiées et variées, d'autres types d'agrotourisme pratiqués en Europe sont également à mentionner comme : l'œnotourisme ou tourisme vitivinicole et œnologique (Italie, Allemagne, Espagne, France), pescatourisme, etc. Cependant, l'activité agrotouristique européenne respecte les exigences mentionnées précédemment dans ce chapitre (ex. : voir

---

[47] Un Lit au Pré en pole position de l'agritourisme soutenue par l'Union européenne, Communiqué de presse publié le 24 juin 2016. https://www.unlitaupre.fr/communique-de-presse/un-lit-au-pre-en-pole-position-de-lagritourisme-soutenue-par-lunion-europeenne/ [Consulté le 28 novembre 2020].
[48] Voir La Charte du WWOOFing via le site WWOOFing, une reconnexion à la terre : http://docs.wwoof.fr/documents/charte-wwoofing.pdf [Consulté le 30 novembre 2020].

l'article « L'agritourisme : Lancez-vous ! » du site terredecompta.com)[49].

De même pour d'autres pays d'Europe dont les activités en matière d'agrotourisme sont à apprécier. Ainsi, des pays comme la Slovaquie, la Suède, la Croatie, la Grèce, Chypre, l'Irlande, l'Angleterre, le Portugal, etc. pèsent lourd en matière de pratique aprioristique.

5.2. Agrotourisme en Asie

Le continent asiatique offre une forte potentialité pour le développement de l'agrotourisme. Ainsi, grâce à son écosystème, ses beaux paysages, ses nombreux sites, des produits diversifiés, des réserves mondiales de biosphère, etc., le continent possède des atouts considérables pour le développement de l'agrotourisme.

Sur le continent, cette activité est marquée par la découverte des thés organiques, la visite des jardins de légumes, des kiosques à café, à jus de fruits. Ainsi, des pays comme l'Indonésie représentent l'une des destinations agrotouristiques reconnues du monde entier, avec notamment les lieux pittoresques (ex. : Rizières en terrasse[50]) ; la Malaisie, de son côté, offre une richesse agrotouristique, notamment pour la richesse des fermes de thé (par exemple à Cameron Highlands) et des parcs agricoles ; le Népal, lui, est célèbre pour le Circuit Numbur Cheese où les visiteurs peuvent profiter des atouts qu'offre la fabrication de fromages dans le Haut Himalaya ; le

---

[49] voir l'article : L'agritourisme : lancez-vous !, actualités, https://www.terredecompta.com/actualites/agritourisme.html [Consulté le 30 novembre 2020].

[50] Voir Nicolas Alamone (2015). EN IMAGES. Top des plus belles rizières dans le monde, voyage, tendance de l'Express https://www.lexpress.fr/diaporama/diapo-photo/tendances/voyage/en-images-top-des-plus-belles-rizieres-dans-le-monde_1702498.html# [Consulté le 02 décembre 2020]

Vietnam[51], de son côté, est l'un des pays du continent où l'agrotourisme est plus développé, avec notamment le parc Naturel de Ba Be, le Jardin high-tech à Da Lat, dans la province de Lam Dong ou les fermes écologiques et fruitières à Ho Chi Minh-Ville ; etc.

D'autres pays du continent comme la Thaïlande et l'Inde développent une approche de plus en plus solidaire. Ainsi, l'association TAMADI est également présente dans ces deux pays-là. En partenariat avec des organisations paysannes locales, elle propose des séjours solidaires et équitables. L'Inde est un cas très important, car l'agrotourisme avait permis à ce pays de remporter le prix du tourisme responsable 2012 en Asie. Dans le cas de la Thaïlande, l'agrotourisme est intimement lié au tourisme vert du fait qu'à la campagne, les habitants vivent selon les traditions et les coutumes ancestrales.

La Chine et le Japon sont également des acteurs incontournables en matière d'offre agrotouristique sur le continent asiatique. À titre d'exemple, la province de Guizhou est une destination de référence en la matière ; de même pour les rizières en terrasses de Yuanyang ; l'élevage de caribous au nord du pays.

5.3. Agrotourisme en Océanie

Sur le continent océanien, l'activité agrotouristique offre des avantages que les autres continents pourraient bien lui envier. Avec une richesse en flore et en faune, des paysages merveilleux, un climat chaleureux, etc. mélangé à une cuisine rustique, ce continent offre aux visiteurs une expérience agrotouristique à ne jamais oublier. Ainsi, un pays comme l'Australie possède des trésors cachés en

---

[51] Voir : Lâm Dông crée une percée dans son agritourisme : https://lecourrier.vn/lam-dong-cree-une-percee-dans-son-agritourisme/517808.html [Consulté le 02 décembre 2020]

matière d'agrotourisme (ex. : vieilles vignes de Shiraz centenaires, kangourous, fermes de blé, fermes bovines, etc.), c'est un des pays avec un écosystème que l'on ne rencontre nulle part ailleurs.

La Nouvelle-Zélande est aussi une destination agrotouristique non négligeable. Ce pays possède également un écosystème riche, que ce soit sur le plan minéral, végétal ou animal. C'est également un pays où le pâturage est un art, ce qui lui permet de fournir à lui seul plus d'un quart du lait mondial…

5.4. Agrotourisme en Amérique continentale (nord, centre et sud)

L'Amérique est un continent qui possède une richesse d'agrotourisme incontournable. Par la richesse de ce continent en matière de biodiversité, de traditions et coutumes ancestrales, des climats (Amazonie, Patagonie), des sites historiques légendaires (Anasazis, Incas, Aztèques, Mayas), les Westerns (Brésil, USA), etc. Des fermiers gauchos argentins et brésiliens passant par la nature sauvage et l'hospitalité des familles du Costa-Rica (le pays dont le modèle agrotourisme est repris par d'autres pays du monde), puis la technique « Milpa » du Mexique jusqu'aux immenses espaces de Nunavik du Canada.

Ainsi, un pays comme le Brésil est l'une des destinations agrotouristiques suggérées par l'association TAMADI pour plusieurs raisons : c'est un Eldorado de la nature exubérante et de l'exotisme, des fermes de poules et de chevaux en liberté, l'élevage de buffles par les gauchos. L'Argentine, pour sa part, développe des offres agritouristiques que les voyageurs ne peuvent pas oublier. En effet, dans la région de San Antonio de Areco, au cœur de la Pampa, les visiteurs découvrent tous les secrets de l'agriculture et de l'élevage argentins ; de même, pour la Patagonie, avec sa villégiature

époustouflante, qui offre aux visiteurs un confort écoresponsable loin des pollutions sonores et lumineuses.
Par ailleurs, la ferme biologique Río Muchacho, en Équateur, est un haut lieu de la pratique de l'agrotourisme. Aussi, les communautés andines du Pérou, le désert de sel de la Bolivie sont de véritables attractivités agrotouristiques du Nouveau Monde que les voyageurs-explorateurs (agricoles) doivent découvrir au moins une fois au cours de leur vie. Sans oublier la découverte de l'élevage de lama, alpaga et vigogne.
Les pays de l'Amérique centrale et le Mexique, de par leur richesse en matière de biodiversité et de diversité culturelles, développent différentes activités autour de l'agrotourisme afin d'offrir des expériences marquantes aux visiteurs. Les États-Unis d'Amérique n'est pas en reste, car certaines parties du pays comme New York, Massachusetts, Buffalo ou Colorado sont remarquables pour les activités agrotouristiques. De même, le Wisconsin a l'habitude d'accueillir des apprentis agricoles de l'étranger dans le cadre de l'activité agrotouristique ; de même pour les fermes californiennes qui offrent des expériences manuelles au cours de l'année (participer aux tâches de la culture de fraises, des étables, traire des vaches, ramasser des œufs et autres).

Dans le cas du Canada, cette activité remonte au début des années 1970[52] quand certains producteurs agricoles cherchaient à accueillir et héberger des citadins dans leurs fermes afin de leur faire vivre une expérience agricole. Cependant, cette activité est encadrée par le Groupe de Concertation sur l'Agrotourisme au Québec qui devient

---

[52] Julie Aubé (2019), De l'importance de l'agrotourisme, cahier spécial du Magazine Caribou https://www.ledevoir.com/vivre/alimentation/556079/agrotourisme-et-tourisme-gourmand [Consulté le 06 décembre 2020].

l'Association de l'Agrotourisme et du Tourisme Gourmand (AATGQ) et fonctionne à l'instar des associations agrotouristiques de l'Europe. Ce dernier permet aux visiteurs de découvrir l'agriculture et le territoire agricole grâce à l'expérience agrotouristique que les fermiers leur réservent. Ainsi, au Québec par exemple, on a souvent employé le terme de « tourisme gourmand » pour désigner la pratique de l'agrotourisme pour les spécialités culinaires et des visites guidées dans les vignobles.

6. Pratique de l'agrotourisme en Afrique et aux Caraïbes

Entre le continent africain et les Caraïbes, l'activité agrotouristique se développe, mais à différents niveaux. Sa pratique peut être vue sur le plan équitable ou solidaire comme c'est déjà le cas des pays comme la Tunisie, la Tanzanie et Madagascar où l'Association TAMADI est présente afin de faciliter le développement de ce type de tourisme de manière éthique et solidaire. Il est intéressant de présenter dans les paragraphes suivants quelques cas de pratique de l'agrotourisme dans certaines régions du continent africain et des Caraïbes.

6.1. Le cas des pays du Maghreb

a) La Tunisie

Depuis 2016, la Tunisie développe le projet BIOTED (Biotourisme Equitable et Durable) suivant un partenariat public-privé réunissant sept partenaires belges et tunisiens issus du secteur de l'agriculture, du tourisme et de l'environnement. En tant que premier exportateur de l'huile d'olive bio, la Tunisie représente une destination agrotouristique exemplaire pour les visiteurs. Aussi, c'est un pays qui possède cinq bio-territoires en termes d'étage climatique différents possédant des richesses biologiques attractives ; de même pour les fermes[53] et ateliers de production, de transformation, de conservation des aliments biologiques du pays. De plus, le patrimoine culturel, les sites historiques, la gastronomie, les parcs historiques… contribuent à renforcer l'attrait de la Tunisie comme lieu de destination privilégiée des agrotouristes.

b) Le Maroc
Au Maroc, l'agrotourisme est une activité qui est encouragée et valorisée par les instances touristiques du pays (ex. : le RDTR = Réseau de Développement du Tourisme Rural). En effet, dans certaines régions, on rencontre des gîtes et des maisons d'hôtes offrant des services liés à l'agriculture (ex. : la cueillette des produits de la ferme, des cours de pratiques saisonnières agricoles et de cuisine à base des produits de la ferme), la découverte des vergers d'oliviers ou d'abricotiers, la découverte de la filière de l'huile et de l'artisanat local (ateliers de Vannerie – raphia - tapis berbère). Ainsi, des endroits comme la Plaine du Haouz et la Plaine du Souss offrent aux voyageurs la visite de fermes cultivées en agrumes et légumes de toutes sortes. En plus de l'hébergement sur l'exploitation, la plaine de Souss qui est considérée comme le grenier du Maroc offre l'opportunité de visiter les bananeraies, les parcs animaliers, les jardins bio, les pépinières et autres.

c) L'Algérie
En ce qui concerne l'Algérie, l'activité de l'agrotourisme est encouragée par le pouvoir public qui incite les professionnels du secteur touristique à mettre en place des

---

[53] Pierre Magnan (2018), Tunisie : le trésor caché de l'agrotourisme dans les oliveraies (le 11/08/2018)
https://www.francetvinfo.fr/monde/afrique/economie-africaine/tunisie-le-tresor-cache-de-l-agrotourisme-dans-les-oliveraies_3054635.html [Consulté le 06 décembre 2020].

pratiques responsables. Cette activité rentre dans le carnet de développement des grands projets touristiques du gouvernement et des tour-opérateurs. Ainsi, certains endroits du pays sont considérés comme des destinations privilégiées pour l'agrotourisme grâce à leurs divers atouts, multiples potentialités naturelles, richesses des patrimoines culturels, beautés des sites naturels, architectures ancestrales et autres (ex. : Ghardaïa, Aures, Djebel, Kabylie). De plus, l'Algérie regorge de jardins exubérants de palmiers, d'eucalyptus, des parcelles de maïs, des vergers d'orangers, des ateliers de production d'huile, des aires de battage des céréales et autres.

6.2. Le cas des pays de l'Afrique subsaharienne

a) Le Cameroun
Le Cameroun est une destination à privilégier pour l'agrotourisme, car la richesse culturelle, la découverte des rites et des traditions des différentes ethnies sont les atouts indéniables de ce pays. De plus, les plaines, les savanes et les lieux historiques (ex. : le Mont Cameroun que décrit le navigateur explorateur carthaginois Hannon dans les récits de son voyage entre le VIe ou VIIe siècle avant l'ère chrétienne), les aires protégées (ex. : le Parc National de Dzanga Sangha). Voici des exemples de sites de développement de l'agrotourisme au Cameroun : la route du Poivre blanc de Penja ; la Rock Farm à Ndonkol ; la route du Thé, sans oublier des plantations, des élevages, des ruches, des fermes agropastorales, des ranchs... (ex. : le domaine Petpenoun est une référence dans le pays ; la forêt naturelle dans la réserve du Dja, classée Patrimoine mondial de l'Humanité par l'UNESCO).
De plus, quelques associations soutenues par Planète Urgence participent également au développement de l'agrotourisme dans le pays.

b) Les Congo

Les Congo (Kinshasa, Brazzaville) possèdent de grandes richesses en matière de destination des visiteurs en quête d'offres d'agrotourisme. Des vergers de fruits, des fermes bio agropastorales, les fermes agropiscicoles, la forêt du bassin du Congo, les réserves de Biosphère (ex. : celle de Yangambi), les différentes ethnies, les jardins botaniques, l'eau (ex. : le fleuve Congo), les plantes médicinales, les espèces (animales et végétales) endémiques, l'artisanat local, la gastronomie et autres.

La République Démocratique du Congo (RDC), de son côté, joue la carte de l'authenticité en misant sur des réserves animales et végétales, des parcs naturels, le volcan de Nyiragongo, sa diversité, ses paysages extraordinaires, sa faune endémique, ses grottes profondes, sa flore remarquable et ses rivières sauvages, ses domaines (ex. : la ferme Mbuela, la ferme SUKRAAN, la ferme agropiscicole Les Amadi[54]).

La République du Congo joue sa carte maîtresse. En effet, le pays offre aux touristes agricoles une expérience inoubliable en mettant en avant des fermes de production végétale et d'élevage bio. À titre d'exemple, nous pouvons citer la ferme « Agria Loango » qui est à la fois, agricole, fermière et pédagogique et accueille différents publics au cours de l'année, mais aussi la ferme-école de Moussanda. C'est également un pays qui offre aux visiteurs étrangers la découverte des trésors cachés du pays à savoir : des traditions culturelles locales, les modes de vie ancestraux, les peuples autochtones (ex. : les pygmées), les produits du terroir (ex. : le « Poivre Ashanti » ou poivre de la Likouala), les cérémonies sociales ou rituelles, la danse et la musique,

---

[54] Tourisme : Comment et pourquoi développer l'écotourisme en RDC ? https://www.congo-autrement.com/page/rdc-tourisme-2/comment-et-pourquoi-developper-l-ecotourisme-en-rdc.html [consulté le 06 décembre 2020]

les variations des spécialités culinaires, l'eau (ex. : la rivière Likouala-Mossaka, la rivière Sangha), la forêt et autres. Pour finir, plusieurs endroits du pays sont des pôles de développement de l'agrotourisme : Oyo et Boundji, de la Bouenza, du Niari, du Kouilou ou de la Sangha, de la Likouala, du Pool ou de la Lékoumou.

c) La Côte d'Ivoire

Avec le patrimoine agricole que possède la Côte d'Ivoire, le pays avait misé en 2012 sur l'agrotourisme pour relancer son secteur touristique. En effet, certains atouts agrotouristiques indéniables qui attirent les visiteurs du pays comme la forêt de Taï, les bordures lagunaires[55] et les plans d'eau, certaines traditions de gastronomie locales, les vestiges de la période coloniale, les réserves naturelles, les parcs nationaux, les grandes aires culturelles (ex. : Akan, Gur, Mandé, Krou) abritant différentes ethnies, les coutumes, les rites et les danses… Sur le plan agricole, le pays regorge de potentialités non négligeables comme les plantations de cacao et d'ananas, de riz, de banane, de palmier à huile et d'anacardier, ou d'hévéas…
Ainsi, Green Valley est présente en Côte d'Ivoire et propose des gîtes entre plantations et forêts luxuriantes (ex. : le gîte sur la route d'Alépé).

d) La Tanzanie

La Tanzanie est un lieu stratégique qui attire de plus en plus de touristes agricoles (européens et asiatiques). Avec les escarpements et le lac d'Eyasi, la montagne enneigée « Kilimanjaro », la montagne sacrée des Massaïs « Mont Lengai », le volcan « Ol Doinyo Lengaï », l'île de Zanzibar, le lac Magadi, la 8ᵉ merveille du monde, à savoir le Cratère

---

[55] Babi Inside (2016), Green Valley à la conquête de l'agrotourisme, 27 avril 2016. http://www.babiinside.com/greenvalley-a-la-conquete-de-lagrotourisme [consulté le 06 décembre 2020]

du Ngorongoro et sa réserve (l'Arche de Noé africaine), les hippopotames, les différentes ethnies (ex. : Iraqw, Massaï, Kuria) et la richesse culturelle, les huttes traditionnelles, les « Big Five » (éléphant, lion, rhinocéros, léopard et buffle), les Parcs nationaux (ex. : le Serengeti), la diversité des paysages (ex. : Endallah, Mto Wa Mbu, Shangarai), sa forte productivité agricole dans la sous-région Est de l'Afrique, font des attractivités inouïes pour les voyageurs. Sur le plan agricole, certains endroits comme Mangola sont très célèbres pour la production de la culture de l'oignon. Aussi, les fermes caféières, les fermes agricoles biologiques sont des attraits touristiques non négligeables.

e) Le Bénin

En plus d'être l'un des pionniers de l'agriculture responsable en Afrique, le Bénin est aussi l'un des moteurs du développement de l'agrotourisme sur le continent. Avec son passé et sa cité historique et mémoire de Ouidah (la Porte du Non-Retour, l'Arbre de l'oubli, la Route des Esclaves, etc.), les lieux magiques (ex. : Allada, Aguégué, Ganvie), les traditions culturelles et cultuelles (ex. : le vaudou), ses musées (ex. : Cotonou, Natitingou, Ouidah, Parakou, Porto-Novo), sa biodiversité abondante et variée (faune et flore), parcs nationaux et réserves (ex. : réserve naturelle de la Vallée du Sitatunga, des réserves de la Pendjari avec des éléphants, buffles, lions, antilopes, singes, hippopotames, céphalophes et autres), eau (ex. : Rivière Wawa, le lac d'Aheme, les chutes d'Adjalala et de Kota, les sources thermales de Possotomé et de Bopa, les cascades de Tanougou…), le Bénin a toutes les potentialités pour devenir la destination privilégiée pour ce type de tourisme[56].

---

[56] Agrotourisme à Possotomè sur le site de Vers l'outre-mer, le Bénin autrement, http://versloutremer.com/possotome-la-ville-qui-produit-de-leau/agrotourisme-a-possotome/ [consulté le 07 décembre 2020]

En ce qui concerne des attractivités directement liées à l'agrotourisme béninois, on peut mentionner les fermes de production et des centres pédago-agroécologiques (le centre Songhaï, la maison du Paysan, les Jardins de l'Espoir, le Centre Régional de Recherche pour un Développement Intégré {CREDI-ONG}, la ferme des Solidarités Agricoles Intégrées {SAIN}).

f) Le Sénégal
Au Sénégal, l'agrotourisme se développe de plus en plus et certaines offres sont certifiées par Accueil paysan (ex. : Kaydara). C'est un pays qui possède de fortes potentialités agrotouristiques sur plusieurs points : les richesses de la Casamance (ex. : système agropastoral, la forêt tropicale d'Oussouye, les vergers de Coubalan, le patrimoine animiste), les différentes ethnies (ex. : bassaris, bédiks, dialonkés, peuls), les beaux paysages, des lieux historiques (ex. : l'île de Gorée), le patrimoine culturel considérable (ex. : Ambofors, tambours du Père Caméléon), des parcs et réserves du pays (ex : parc du Niokolo Koba, Parc ornithologique du Djouj, l'Eco-Parc de Casamance), les traditions ancestrales (ex. : tradition orale, contes et coutumes diolas), les traditions culinaires (ex. : la sauce d'arachide), l'eau (ex : le fleuve Sénégal, cascade de Toumania, fleuve Siné, fleuve Saloun).
Sur le plan communicationnel, il existe l'« Enjoy Agri », une agence qui est spécialisée dans la promotion de l'agrotourisme au Sénégal. À noter que cette dernière faisait partie des trois finalistes de la première édition du concours sur le tourisme durable au Sénégal en 2016, autour du thème : « Les services innovants dans le secteur du tourisme durable ». À l'instar des plateformes de

« WWOOFing[57] », Enjoy Agri assure le pont entre les voyageurs et les hôtes.

En termes de pratiques, il existe également la ferme-école agroécologique de Kaydara (certifiée Accueil paysan) qui permet aux visiteurs de découvrir ses diverses cultures, espèces et croisements présents sur le site, ainsi que les méthodes utilisées lors de leur séjour.

g) Le Togo

Le Togo développe également le circuit d'agrotourisme en misant sur ses atouts agroécologiques et ses diversités. Ainsi, avec ses potentialités en matière d'agriculture, de traditions ancestrales (ex. : la Pierre sacrée), patrimoine écoresponsable (ex : village de Yaka à Kara, village de Dekpo à Maritime, ferme Houare à Kara, ferme Eco-Spiruline aux Plateaux, ferme Papaye Verte à Kara, Auberge de Tiyita à Kara), les cascades autour de Pouda et autres, c'est un pays qui fait rêver. En effet, une association à but non lucratif répond au nom de APEPDJ-Togo et organise des colonies de vacances agroécologiques pour tous dans des villages comme : Tsévikopé, Avétonou, Mésiobé et Zozokodji sur l'éthique d'accueil paysan. De même, le Centre de Formation Agricole et de Production Ecologique (CFAPE), situé dans la région de Kpalimé au Togo, accueille des visiteurs en leur proposant des services allant de l'hébergement, des activités de formation du centre ainsi que la découverte du patrimoine de la région. Il existe également la ferme Kekeli qui est située dans la région de Kpalimé pratiquant l'agrotourisme avec une offre

---

[57] WWOOFing : World Wide Opportunities on Organic Farms. Selon les informations figurées sur le site wwoof.net, le wwoofing est un mouvement mondial qui vise à relier les visiteurs aux agriculteurs biologiques, l'échange culturel et éducatif et bâtir une communauté mondiale consciente de l'agriculture écologique et des pratiques durables. https://wwoof.net/fowo/ [consulté le 07 décembre 2020]

incluant la table d'hôtes, la chambre d'hôtes et le gîte. Au respect de l'éthique « Accueil paysan », les voyageurs bénéficient un brassage et un partage culturel suivis d'animations, et peuvent également s'initier à la production de légumes bio et de jeunes plants, de semences reproductibles, de légumes séchés, une fabrication de confitures traditionnelles...

h) Le Gabon
Le Gabon possède des attractivités touristiques comparables à celles qu'offrent des pays comme le Bénin et le Cameroun. Que ce soit en termes de traditions culturelles, domaines et réserves de la biodiversité, des ressources forestières, des plantes médicinales, des fermes agricoles (ex. : agro-écologie), des produits à haute valeur ajoutée (ex. : Café, Cacao…) et autres. Cependant, l'offre agrotouristique pratiquée actuellement a plutôt une visée pédagogique (accueil et formation des élèves sur les fermes ; assurer la valorisation et la promotion de la production agricole à l'échelle nationale).

i) Le Ghana
Le Ghana de son côté possède des potentialités à peu près égales à celles que possède la Côte d'Ivoire (Ressources naturelles, ressources agricoles), de la richesse culturelle comme celle possédée par le Togo et le Bénin. Ainsi, certains endroits comme Akosombo, Cape Coast, Elmina, Kakum et Accra accueillent des voyageurs venant de partout. De plus, le pays possède des hauts-lieux touristiques divers comme : le lac Volta ; le Cape Coast Castle ou le Fort de Cape Coast qui est classé au Patrimoine mondial de l'UNESCO (c'est un pan de l'histoire de l'esclavage) ; de nombreux sites historiques à Elmina ; la forêt tropicale et des musées.

6.3. Le cas des pays de l'Afrique de l'Est et de l'Océan Indien

a) L'Éthiopie

L'Éthiopie, avec son patrimoine historique, ses montagnes à la végétation luxuriante, sa faune diversifiée et de nombreuses espèces en voie de disparition, sa diversité ethnique (80 groupes ethniques), les coutumes et traditions, ses réserves naturelles, ses lacs, ses parcs nationaux, son patrimoine caféier, sa diversité agricole, ses maisons traditionnelles, ses églises rupestres et d'autres, font de ce pays une destination privilégiée pour la l'expérience agrotourisme. En effet, certains endroits comme les montagnes de Choké sont des destinations idéales qui permettent aux visiteurs de vivre une expérience inoubliable. D'autres contrées de ce pays disposent également ces activités agrotouristiques, parmi lesquelles on peut citer : Tigray, Arba Minch, Plateau Hudad, Vallée Omo, Wollo, Plateau Meket, et autres.

b) Madagascar

Madagascar, avec sa biodiversité, son climat, sa diversité ethnique, ses plantations d'épices, de cacao et de plantes aromatiques, ses cascades nichées au cœur d'une forêt luxuriante, ses sources d'eau chaude, sa faune et sa flore des réserves naturelles, ses maisons traditionnelles, ses parcs nationaux, son patrimoine culturel, ses rizières, etc. sont des supports importants du développement de l'agrotourisme malgache. Sur le plan organisationnel, cette activité est encadrée par les Réseaux Accueil Villageois Malagasy (A.VI.MA), l'Association Fanamby, le représentant de la Commission tourisme durable de l'Office National du Tourisme de Madagascar (ONTM), la Fédération des Parcs Naturels régionaux (France)…

D'autres pays du continent offrent également des attractivités aprioristiques comparables à celles présentées ici. À titre d'exemples, nous pouvons citer le Kenya dont la diversité en terme ethnique, culturel, environnemental (ex. : le Mont Kenya, une montagne enneigée), biodiversité et autres est égale à la Tanzanie ; le Boukina Faso dont la pratique de l'agro-écologie, la culture de fraises, les fermes Béonééré Agroécologie sont comparables au contenu de l'offre agrotouristique pratiquée au Sénégal ; de même pour les pays comme le Nigeria, le Mali, la Réunion, Mayotte, l'île Maurice…qui œuvrent également pour l'agrotourisme.

Les pays de l'Afrique australe comme le Botswana et la Namibie pratiquent également de l'agritourisme, mais se rapprochent de l'écotourisme… Dans le cas de l'Afrique du Sud, son offre se rapproche de celle pratiquée dans certains pays européens (ex. : œnotourisme).

Le Rwanda, de son côté, fait la synthèse des bonnes pratiques en matière d'agrotourisme pratiqué sur le continent. En effet, par l'intermédiaire de l'« Opération séduction », le pays est devenu le rêve africain.

Ainsi, les paragraphes suivants sont consacrés à la présentation de quelques pays qui pratiquent l'agrotourisme dans les Caraïbes.

6.4. Le cas des pays des Caraïbes

a) La République dominicaine
La République dominicaine ne dispose pas seulement de grandes stations balnéaires pour l'accueil du tourisme de masse, elle dispose aussi d'atouts non négligeables pour le développement de l'agrotourisme. Ainsi, le pays dispose de plusieurs endroits où l'agrotourisme se pratique dans les règles de l'art, parmi lesquels figurent la Samana EcoLodge, un site qui offre à la fois de l'hébergement, de

la restauration et des divertissements, mais aussi le Ruta del cacao (route du cacao) où la transformation du grain de cacao donne lieu à une journée d'excursion.

b) La Martinique
La Martinique accueille également des visiteurs sur leurs fermes qui sont logés, nourris et divertis sur place. Aussi, le voyageur est appelé à découvrir des distilleries, des sucreries et des musées consacrés aux spiritueux. C'est l'occasion pour les visiteurs de découvrir et de s'initier au métier d'exploitant agricole. Ainsi, certaines fermes sont très connues en Martinique pour leur pratique. Voici quelques exemples : le Domaine de la Vallée, le Domaine de la Chabet, l'Habitation Duchâtel, le Domaine de Frégate, le DIAM'ARLET, le LEGTA, la ferme MONTLUC, le Jardin de la Santé, le Défi des Planteurs, l'Habitation Céron, la Ferme de Perrine...

c) La Guadeloupe
La Guadeloupe, avec ses grands domaines et habitations historiques de plantation agricole, est une des destinations agrotouristiques où les visiteurs peuvent être logés, restaurés et divertis sur place. En plus des domaines agricoles, elle dispose également de distilleries, de sucreries et des musées consacrés aux spiritueux. À titre d'exemple, l'habitation La Grivelière qui est située dans le parc national de la Guadeloupe, regroupe un ensemble d'exploitations agricoles et accueille des visiteurs en leur offrant un service de tables d'hôtes, d'hébergement, de divertissements (visites des plantations) et de vente de café.

d) Haïti
Haïti n'est pas seulement considéré comme destination touristique pour ses eaux turquoises. Il est déjà connu comme un pays qui pratique une agriculture largement

biologique et qui dispose du café et du cacao des connaisseurs ; c'est également un pays où l'activité agrotouristique se pratique de plus en plus, allant de fermes d'expérimentation jusqu'aux jardins de loisirs. En effet, ce pays dispose des centres de formation qui accueillent des visiteurs (le plus souvent des stagiaires) et les placent chez les habitants afin de s'initier à la vie quotidienne de l'agriculteur (ex. : la Vallée de Jacmel, Salagnac, Vallue, Papaye, Kenscoff, etc.).
Parmi les endroits à visiter en Haïti, il y a le Jardin botanique des Cayes qui est très célèbre dans toutes les Caraïbes, c'est également un endroit où le visiteur découvre les variétés de plantes formant la biodiversité d'Haïti ; la Route du Café à Fond Jean Noël, la Route de la Montagne à Vallue, la Route du Cacao à Dame-Marie, la ferme du Foyer des Enfants de l'Espoir d'Haïti (FENESHA) à Belladère ; le Centre Banyen à Vallue ; l'Institut de Recherche et d'Appui Technique en Aménagement du Milieu (IRATAM) à Sainte-Suzanne ; Wynne Farm à Kenscoff et autres.

N.B. : même si certains pays comme la Jamaïque, Porto Rico, Cuba, la Barbade, Trinidad, etc. n'ont pas été présentés dans la liste décrite plus haut, ils sont également des destinations pour la pratique de l'agrotourisme.

7. Conclusion
À la lecture de chaque section de ce chapitre, il a été observé que la pratique de l'agrotourisme regorge d'intérêt pour un voyageur, à savoir que cela facilite l'éloignement des centres urbains qui sont souvent mouvementés (ex. : mouvements sociaux, pollution sonore, densité humaine, pollution environnementale…) ; elle lui permet de découvrir les trésors cachés du pays (ex. : lieux historiques, microcultures locales, traditions ancestrales, réserves

naturelles, biodiversité préservée...) ; elle lui permet également de découvrir des savoir-faire locaux (ex. : sur le plan culinaire, sur le plan linguistique, sur le plan médicinal...) ; elle lui permet d'apprendre des us et coutumes (ex. : danses traditionnelles, mode de vie de la communauté visitée...) ; elle lui permet de prendre en main son bien-être alimentaire (ex. : de la consommation de produits frais et cultivés biologiquement...).

Sur le plan social, la pratique de l'agrotourisme participe à l'émancipation féminine où la femme de l'agriculteur qui vit souvent dans l'ombre de son mari passe d'un statut d'assistante à celui d'hôte qui accueille les visiteurs, avec un statut social à part entière : hôtesse, animatrice, cuisinière... De même, cette pratique peut inciter l'agriculteur à suivre une formation concernant l'accueil, par exemple, ou pour lui faire prendre conscience sur l'intérêt de pratiquer une agriculture totalement biologique. Pour le visiteur, c'est l'occasion d'enrichir ses connaissances à la fois sur la culture, l'histoire, la pratique agricole, la cuisine du terroir, la dégustation et la découverte des produits locaux, etc. de l'endroit visité.
L'agritourisme permet de promouvoir la vente de services et de biens durables comme des produits de la restauration gastronomique, des produits bio, des outils anciens, du patrimoine historique, etc.

L'agrotourisme est bénéfique pour le futur de la planète, car il permet aux visiteurs et aux hôtes (agriculteurs, agences, coopératives...) de faire preuve d'une bonne conscience, notamment pour les visiteurs qui tombent en admiration devant les paysages « sauvages » pour comprendre son environnement au point de se sentir faire corps avec lui.

En ce qui concerne l'Afrique et les Caraïbes, malgré l'existence de plusieurs initiatives et plusieurs destinations agrotouristiques de ces deux territoires de la planète, leur pratique reste à la fois insuffisante et inadéquate. De ce fait, le développement de l'agrotourisme dans ces régions nécessite certains efforts de la part de tous les acteurs :

- aux États d'encadrer le secteur par des normes au regard de l'application des ODD ;
- pour les offices du tourisme, miser sur des offres en lien avec l'agriculture ;
- pour les tour-opérateurs, miser sur des offres à attractivités agricoles comme des ateliers de transformation, production de l'olive, marchés aux légumes, visite de miellerie… ;
- pour les collectivités, miser sur des attractivités parallèles aux fermes agricoles comme : l'histoire locale, les coutumes et traditions locales, savoir-faire des artisans locaux, fêtes des villages… ;
- pour chaque diaspora (africaine, caribéenne), promouvoir des projets d'investissement direct en agrotourisme dans son pays d'origine ;
- pour les coopératives agricoles, promouvoir son développement par l'encadrement et la formation des agriculteurs ;
- Et pour tout le monde, d'y contribuer…

Agrotourisme : entre opportunités d'affaires et sous-exploitation

Par Ange-Mireille GNAO

> *« Aucune idée, qu'elle vienne de moi ou de quelqu'un d'autre, n'a plus d'autorité que ma propre expérience »*
> **Carl ROGERS**

1. Généralités

Aujourd'hui, aborder l'agriculture responsable sans parler d'agrotourisme et de ces opportunités d'affaires sous-exploitées par certains des acteurs du secteur me semble regrettable.

En effet, l'agrotourisme, comme nous le savons tous (tes), est une activité touristique qui est complémentaire à l'agriculture et qui a lieu dans une exploitation agricole. Avec les activités d'agrotourisme exploitées par les agriculteurs, voire tous les acteurs du secteur, permet de mettre en relation les producteurs agricoles avec les touristes à travers l'organisation d'excursions qui permettent aux touristes de découvrir un milieu agricole par exemple non valorisé. Ces activités d'excursions permettent aux acteurs du secteur agricole de valoriser leurs productions en accueillant, en informant, en guidant les visiteurs de leur milieu.

D'ailleurs, depuis la crise sanitaire Covid 19, de plus en plus des citadins n'hésitent pas à mettre en pratique ces types de tourisme « écologie » afin de favoriser une agriculture responsable en consommant les produits des agriculteurs : les touristes locaux passent par les circuits courts pour consommer local. Ceci explique le développement des activités liées à l'agrotourisme.

Raison pour laquelle l'agrotourisme est une activité touristique exercée certes par un agriculteur dans son exploitation pour avoir un complément de revenus d'une part.

D'autre part, en proposant des activités attractives autour de la nature, l'environnement, l'agriculture, les agriculteurs favorisent le bien-être des touristes qui sont soucieux de leur santé et de préserver l'environnement. Cette pratique n'est pas nouvelle, elle a émergé en France entre 1970 et 1980. À l'époque, les acteurs, aussi bien du secteur agricole que du tourisme, étaient en quête d'une diversification de l'offre d'activités en milieu rural. Comme précisé précédemment, l'essor de l'agrotourisme a permis d'offrir un complément de revenus aux agriculteurs fragilisés financièrement et aux consommateurs à la recherche de leur bien-être.

Ainsi, l'agrotourisme a contribué à redynamiser des territoires parfois en déclin, a permis de valoriser un savoir-faire et un patrimoine culturel comme les fêtes des moissons et des récoltes organisées par les jeunes agriculteurs de l'Île-de-France Ouest. C'est une initiative lancée par l'Agridemain, qui est une plateforme composée d'ambassadeurs, de professionnels du secteur agricole qui souhaitent prendre part à la dynamique en donnant la parole aux agriculteurs et à tous ceux qui participent à la production. L'objectif de cette plateforme est de raconter l'histoire de l'agriculture sans artifice, empreinte de réalisme, avec ses atouts et ses défis... Les fêtes des moissons et des récoltes ont lieu dans différents départements de l'Île-de-France Ouest, à savoir l'Essonne, les Yvelines et le Val-d'Oise qui permettent aux visiteurs de rencontrer les producteurs, de découvrir des produits locaux, de visiter leurs fermes dans un esprit de convivialité, de partage et de bien se restaurer durant ces événements festifs. C'est aussi l'occasion pour les agriculteurs d'expliquer leur travail ainsi que les différentes fonctionnalités du matériel qu'ils utilisent (moissonneuses-batteuses, tracteurs, etc.). D'autres animations sont proposées comme la ferme pédagogique, jeux pour enfants, cueillette par exemple.

Ces activités de loisirs sont liées à l'agrotourisme proposé par les agriculteurs en Europe (en France), voire en Afrique comme en Côte d'Ivoire, avec la fête des ignames, ne cessent d'offrir des opportunités aux visiteurs en les encourageants à tisser du lien social entre les consommateurs « visiteurs » et les agriculteurs et en se reconnectant à avec la nature.

Force est de constater que l'apparition de nombreuses fêtes autour de l'agriculture, que ce soit en Afrique avec la fête des ignames (Sylla Karamoko, 2019) en Côte d'Ivoire, qui permet aux Ivoiriens de célébrer la fête des ignames pour marquer, comme en France, les moissons et les récoltes afin de valoriser les filières locales et des produits du terroir via des fêtes traditionnelles ou contemporaines. L'activité agrotouristique prend plusieurs formes : l'hébergement (gîte, chambre d'hôtes, camping sur l'exploitation), la restauration (ferme gourmande, table d'hôtes), la vente directe des produits de la ferme ou un ensemble de pratiques récréatives en lien avec l'exploitation agricole (activités de production et de fabrication). Comme énoncé auparavant, le but de cette activité est de faciliter la mise en relation entre urbains et ruraux ou néoruraux.

Pour encourager ces belles initiatives, les acteurs de l'agrotourisme, les acteurs publics ne cessent de faire preuve d'imagination en multipliant, diversifiant les activités du secteur à travers la mise en place des labels comme le Label « Gîtes de France » créé en France en 1952 afin d'aider au développement de l'hébergement touristique à domicile et de lutter contre la désertification des campagnes. En 1969, la forme « Chambre d'hôtes » a été officiellement reconnue dans la législation française. On voit que l'État peut engager un processus de protection environnemental en sensibilisant sur l'agriculture responsable, le tourisme responsable « l'agrotourisme », en créant un parc national par exemple. Les collectivités territoriales soutiennent également cette activité en faisant la promotion et s'assurant parfois de l'accessibilité de ces sites aussi bien dans les sites touristiques que dans les exploitations agricoles.

D'ailleurs, certaines activités agrotouristiques bénéficient du soutien de l'Union européenne et de l'ONU par le biais de l'UNESCO, des acteurs en provenance du secteur privé (les entreprises, les associations du tourisme qui joue un rôle de promotion du développement des zones rurales aussi bien Europe (France) et en Afrique. Concernant la France, les entreprises comme Airbnb et la structure Bienvenue à la Ferme participent activement au développement de l'agrotourisme dans les zones rurales afin de valoriser les territoires moins attractifs ou renforcer le développement de ces territoires déjà attractifs.

En effet, les activités agrotouristiques de ces territoires se retrouvent fréquemment dans les zones qui présentent déjà une attractivité touristique (espace littoral, zones de montagne) ou dans les zones à forte identité de terroir. En raison de ces deux critères précédemment énoncés, les régions du sud ont une plus forte identité de terroir que les terres d'agriculture productive, qui s'étendent sur de très grandes surfaces, sont davantage en retrait (région Centre). Raison pour laquelle certains exploitants se spécialisent de plus en plus dans l'agrotourisme en conciliant une activité touristique, par exemple l'élevage d'ovins, des vignobles et de la fabrication de produits du terroir. Ainsi, les nouvelles pratiques des exploitants agricoles démontrent bien que l'agrotourisme se caractérise par sa diversité selon le lieu de l'exploitation agricole et de se son activité.

Agnès Durrande-Moreau, François H. Courvoisier et Anne Marie Bocquet (2017) ont mentionné de leur article « Le nouvel agritourisme intégré, une tendance du tourisme durable » :

« Le concept de « tourisme durable » naît en 1995, lors de la conférence de Rio, avec la Charte du tourisme durable qui appelle les acteurs du tourisme à mieux respecter l'environnement, le patrimoine naturel et culturel, la biodiversité, et à participer aux économies locales de manière éthique, sans dégradation (Charte, 1995). Depuis lors, le tourisme durable fait l'objet de nombreuses conférences et d'importants développements (Aquilina et Maheo, 2015 ; Leroux, 2015). On peut considérer que ce terme recouvre les concepts d'écotourisme, de tourisme équitable, solidaire, responsable ou social (Laliberté, 2005). »

De plus, comme souligné auparavant, l'agrotourisme permet aux exploitants agricoles d'augmenter leurs revenus. Ce qui fait de cette activité d'agrotourisme une activité de débat.

En effet, en mettant en pratique l'agrotourisme, en la valorisant, certains risques de « sanctuarisation du territoire » apparaissent au détriment des habitants et de leurs activités. Certes, l'activité d'agrotourisme véhicule une vision « idéaliste » de la campagne et des villages en devenant un frein au développement et entraîne parfois des conflits d'usage. C'est le cas des jeunes urbains « néoruraux », en général jeunes, diplômés, qui s'installent dans l'espace rural en gardant leur mode de vie et leurs habitudes de consommation et entraînent des formes de « relégation ». Les prix de l'immobilier augmentent, comme la pression sur le foncier et transforment l'offre commerciale locale et les paysages. Ce changement est constaté à travers la mise en place de nouvelles activités agrotouristiques telles que l'apparition de fermes pédagogiques et les activités d'éco-village.

De plus, comme indique une des publications du site de tourmag.com du 1er mars 2018, le secteur de l'agrotourisme a apporté près d'un tiers de la fréquentation touristique en France en 2010. La publication fait référence à un sondage du ministère de l'Agriculture français, réalisé en 2010, estimait que sur 514 742 exploitations agricoles recensées durant cette période, 9738 exploitants agricoles exercent une activité d'hébergement et 2575 de ces exploitants proposent des offres de restauration, tandis que d'autres exploitants n'hésitent à diversifier chaque année leur offre touristique à travers la mise en place d'activités telles que les cabanes perchées dans les arbres, une yourte perdue en pleine nature, et même proposent des villages écoresponsables.

D'ailleurs, les entreprises comme Airbnb profitent de ces nouvelles tendances pour investir dans les zones rurales en pleine désertion et n'hésitent pas à renforcer leur développement en répondant aux besoins de sa clientèle urbaine. Cette plateforme a vu l'augmentation de sa communauté et a référencé 6000 fermes en France en 2010.

Force est de constater qu'encore une fois l'arrivée de ces nouveaux acteurs du tourisme est une preuve de la dynamique du tourisme rural : le nombre d'annonces dans les campagnes a été multiplié par 37 en 2012 et en 2017 a augmenté de 10 % grâce aux séjours organisés par Airbnb en France par exemple.

Partir à la campagne, se mettre « au vert ». L'agro-tourisme séduit de plus en plus les citadins à la recherche de la nature, de repos, de la découverte de produits locaux, du territoire, mais aussi du travail des agriculteurs. L'**agritourisme** ou **agrotourisme,** parfois assimilé au **tourisme** agricole ou encore au **tourisme** à la ferme, est une forme de **tourisme** dont l'objet est la découverte des savoir-faire agricoles d'un territoire, et par extension des paysages, des pratiques sociales et des spécialités culinaires découlant de l'agriculture.

D'ailleurs, ce fut précisé lors de notre première édition du Forum Halte aux entrepreneurs voyageurs, qui avait comme ligne éditoriale l'agriculture responsable en Afrique et dans les Caraïbes, qui a eu lieu le **21 février, 25 mars, 29 avril, 23 mai et 3 juin 2020**. Nous avons organisé **cinq séries de vidéoconférences** sur plusieurs thèmes, dont une sur l'agrotourisme qui avait été abordée le 23 mai 2020. À cette occasion, nous avons défini d'une part, la notion d'agrotourisme comme tourisme rural qui représente près d'un tiers de la fréquentation touristique française. L'agrotourisme en est une sous-catégorie : il s'agit de l'ensemble des pratiques touristiques dans un espace agricole, en particulier dans une exploitation, comme expliqué au début.

D'autre part, nous avons essayé de répondre à la problématique suivante : quelles sont les dynamiques de l'agrotourisme en France, dans les Caraïbes, en Afrique et en quoi permet-il de redynamiser les espaces ruraux ? L'agrotourisme est né dans les années 1970, quand les agriculteurs ont invité les touristes à participer à la vie de la ferme contre le gîte et le couvert. En Europe, jusque dans les années 60, l'agrotourisme ne se pratique que de manière très ponctuelle. Mais le regain d'intérêt pour la campagne et le phénomène de rurbanisation a pleinement joué en la faveur du développement de l'agrotourisme. Cette évolution a permis l'aménagement de plusieurs exploitations agricoles.

En Côte d'Ivoire, l'offre agrotouristique est en constante augmentation. Des entreprises agricoles ivoiriennes ont aujourd'hui des entreprises agrotouristiques. Ce sont dans ces régions que l'on trouve le plus d'exploitations de ce genre. Ce qu'il faut retenir : l'agrotourisme est le tourisme vert, durable, basé sur la découverte de la nature. L'agritourisme ou agrotourisme, tourisme agricole, ou tourisme à la ferme, ou les jardins botaniques, ou autres encore.

2. L'agritourisme axe de développement des territoires

Le réseau Bienvenue à la ferme[58], premier réseau de vente directe et d'accueil à la ferme, en France, géré par les Chambres d'agriculture, fait la promotion des produits fermiers et de l'expérience de la ferme, via la visite d'une exploitation, la participation à un atelier ou l'hébergement. Ce réseau compte aujourd'hui 8000 agriculteurs membres en France. Il a réalisé un chiffre d'affaires d'un milliard

---

[58] Caroline Lelievre (2018), L'agritourisme récolte près d'un tiers de la fréquentation touristique en France, *Des séjours nature et « tendance »*, le Jeudi 1 Mars 2018, https://www.tourmag.com/L-agritourisme-recolte-pres-d-un-tiers-de-la-frequentation-touristique-en-France_a91902.html [consulté le 29 mai 2021].

d'euros en 2017, en vente directe et agritourisme. 12 % des agriculteurs se sont lancés dans l'accueil à la ferme, selon les chiffres de Bienvenue à la Ferme (Lelievre 2018).

Il existe d'autres structures, comme Accueil paysan, une association qui rassemble des paysans et des acteurs ruraux, prenant appui sur leur activité agricole ou leur lieu de vie pour mettre en place un accueil touristique, pédagogique et social. Ou encore Abritel HomeAway qui propose des séjours et activités à la ferme.

3. L'agritourisme est également un complément de revenus pour les hôtes

Patricia Rebillou, productrice de fraises en Dordogne, y voit le moyen de s'assurer un complément de revenus de 5 %, grâce à la visite de son exploitation (Lelievre 2018). **Les initiatives pour booster l'agritourisme et diversifier l'activité des agriculteurs se multiplient.** Dernière en date, Bienvenue à la ferme, Airbnb, et **MiiMOSA** leader du financement participatif agricole et alimentaire, ont choisi ensemble de soutenir l'agritourisme en donnant un coup de pouce au développement de projets d'hébergement, de découverte du métier et des produits et du territoire des agriculteurs. Un appel à projets avait été lancé en octobre 2010 (ibid).

Un comité d'experts-représentants d'Airbnb et de Bienvenue à la ferme a sélectionné dix projets qui ont été choisis pour la 3e édition en 2020 et ont pu bénéficier du soutien d'Airbnb (5000 € en plus de la cagnotte récoltée sur Miimosa) et de Bienvenue à la ferme (adhésion au réseau offerte pour la 1re année pour bénéficier d'un accompagnement dans le projet). Ces trois acteurs se sont associés dans le cadre d'un appel à projets en faveur de l'agritourisme. Les agriculteurs ont été invités à créer leur projet sur la plateforme de Miimosa afin de lancer une collecte de financement participatif (ibid).

Parmi eux, dix lauréats ont ensuite été sélectionnés à cet effet.

Voici les 10 lauréats de l'appel à projets agritourisme 2020 : Des Tipis dans les Vignes (Tarn-et-Garonne, Occitanie), Fabrication des parcs des nouveaux animaux dans une ferme pédagogique (Meuse, Grand-Est), un coup de pouce pour les Gîtes de Genas (Drôme, Auvergne-Rhône-Alpes), Une bulle de cocon dans une ferme bio et végétale (Finistère, Bretagne), Un escape-game fermier à la découverte de la nature ! (Vaucluse, Provence-Alpes-Côte d'Azur), Un gîte à la ferme dans le maquis (Corse - Sari-d'Orcino, Corse du Sud), Ecurie des aigles (Charente-Maritime, Nouvelle-Aquitaine), La Ferme du Petit Poucet (Tarn, Occitanie), Ouvrez grands vos pupilles et régalez vos papilles (Gers, Occitanie), le pigeonnier de Lacassagne (Tarn-et-Garonne, Occitanie) (Terre-net Média, 2020).

Les lauréats marqués d'un astérisque font déjà partie du réseau Bienvenue à la ferme. Depuis 2018, cette collaboration a permis de financer près de 100 projets partout en France. Cette année, 174 agriculteurs ont proposé un projet d'agrotourisme : 43 projets ont lancé leur collecte sur le site internet de MiiMOSA et plus de 138 000 € ont déjà été récoltés auprès d'environ 1 600 contributeurs (ibid).

À ce propos, Jean-Marie Lenfant, du réseau Bienvenue à la ferme, affirme : « De plus en plus de gens sont sensibles aux questions de naturalité, de circuits courts et d'alimentation raisonnée. C'est aussi tout cela, le tourisme à la ferme » (Le Monde, 2018).

4. L'agrotourisme, une activité sous-exploitée en Afrique et méconnue du grand public

Cette citation nous pousse à illustrer nos propos selon lesquels, dans la plupart des pays africains hormis l'Afrique du Sud, les pays africains issus de la diaspora de l'Afrique de l'Ouest et les élites africaines n'ont jamais envisagé de visiter les villages, les campagnes africaines comme de réelles destinations touristiques aujourd'hui depuis le développement de l'agrotourisme. Longtemps, pour beaucoup d'Africains de la diaspora francophone, aller en vacances à la ferme, au village, visiter les zones rurales, ces activités se limitent au sein de leur famille.

Aujourd'hui, le secteur de l'agrotourisme est en plein développement. Tel que le domaine Bini qui a vu le jour en Côte d'Ivoire. Selon l'avis du Petit Futé[59], le Domaine Bini, porte le nom de son fondateur, Jean-Marc Bini, un hôte aussi passionné que passionnant, qui valorise un précieux patrimoine familial. Un fabuleux domaine-mosaïque à la végétation riche et diversifiée, semée de forêts primaires, de plants de cacaos, d'hévéas, papayers et autres plantes et arbres variés. Vivant sur place selon le système du biotope, Jean-Marc, ses proches et son équipe mettent à profit la générosité de Dame nature et l'ingéniosité d'une tradition africaine naturellement écologique.

Après un accueil chaleureux où l'on sert aux visiteurs une calebasse (et non un verre) de bienvenue remplie de bandji (vin de palme) ou de lait de coco, tout en s'enquérant des nouvelles comme le veut la coutume, des guides professionnels vous emmènent pour une marche pédagogique à travers le domaine, rando verte où l'on vous

---

[59] L'avis du Petit Futé sur DOMAINE BINI, https://www.petitfute.com/v49128-abidjan/c1173-visites-points-d-interet/c976-archeologie-artisanat-science-et-technique/c981-nature/1659934-domaine-bini.html [consulté le 29 mai 2021].

initie aux petits secrets de l'écosystème environnant : comment poussent les cocotiers ; pourquoi les hévéas sont penchés ; le circuit du cacao, de la cabosse au chocolat ; l'agriculture de subsistance à travers les champs de manioc, aubergines et autres parsemant la parcelle, etc., etc.

De retour au camp, les visiteurs du domaine Bini déjeunent autour d'un buffet locavore composé à 90 % d'ingrédients produits dans un rayon de 5 km par les villageois des environs, également associés au projet, que l'on mange sans assiette ni couverts, dans des feuilles d'attiéké ou de bananier et des tabliers, des récipients traditionnels en terre cuite.

Au menu : poulet braisé au feu de bois (et non au charbon), allocos et frites de patate douce, poisson à l'étouffée, et de l'un des meilleurs foufous que vous n'aurez jamais goûtés, accompagné de sa sauce aux légumes. Côté boisson, vous avez le choix entre le bandji, le lait de coco et le redoutable koutoukou. Étape suivante après ces joyeuses agapes champêtres : on se détend et on profite de la nature. Cela peut passer par une petite sieste dans les hamacs accrochés aux arbres (certains, suspendus à plusieurs mètres de hauteur, mesurent jusqu'à 5-6 mètres de large), ou par un spa nature, avec bain d'argile pure blanche, verte ou rose, assisté de l'une des « Miss Argile » du domaine qui prodigue un massage relaxant.

Le rinçage s'effectue dans un ruisseau naturel aménagé à proximité du « spa » et si les visiteurs souhaitent après leurs visites du domaine, une Tyrolienne de 70 m de long perchée à 10 m du sol est à leur disposition. Le domaine BINI, propose aussi, pour les moins aventuriers, d'autres activités telles que les jeux de société traditionnels comme le jeu d'Awalé ou le ludo, des randonnées en VTT à travers le domaine, des activités collectives comme le volley « boueux » à des tarifs avantageux.

D'ailleurs, le forfait Évasion inclut une visite nocturne des villages environnants, suivie d'un feu de camp, d'un dîner aux chandelles avec des animations axées sur les contes et légendes, des danses traditionnelles ivoiriennes au son de tam-tam ou d'une soirée à la belle étoile. Pour la nuitée à l'éco-village, les visiteurs ont la possibilité de dormir sous les grandes tentes canadiennes ou dans des cabanes sur pilotis aux murs constitués de moustiquaires, toujours plus près de la nature et de la respiration.

LES PRATIQUES DE L'AGRICULTURE RESPONSABLE ET DURABLE

Agriculture responsable : les pratiques durables pour le développement de l'Afrique et des Caraïbes

Par Wilsonn LABOSSIÈRE

> « *L'agriculture devrait être la première activité de santé. Le paysan doit précéder le médecin.* »
> ***Pierre Rabhi***

1. Introduction

Ce chapitre tel qu'il est intitulé se propose d'avancer des solutions durables en matière de pratiques agricoles capables d'actionner le développement de l'Afrique et des Caraïbes. Aborder un pareil sujet de cette façon demande à la fois de la réflexion approfondie, de la souplesse et du recul... par rapport notamment au thème de l'« agriculture responsable » qui pourrait porter à confusion. Avant d'aller plus loin, il est important de préciser que le mot « responsable » est employé dans le sens de l'engagement solennel, de la promesse, de l'assurance. En effet, l'agriculture responsable est une agriculture qui assure une certaine durabilité, une agriculture de plus en plus raisonnée et écoresponsable, capable de répondre aux besoins de la cible. Par ailleurs, certaines personnes confondent l'agriculture responsable avec l'agriculture biologique ou tout simplement l'agriculture raisonnée. Or, ces types d'agriculture sont bien différents les uns des autres, car :
(1) L'agriculture raisonnée (Doussan, 2004) est beaucoup plus une suggestion française, elle consiste en des modes de

production, des moyens techniques et pratiques agricoles conformes aux exigences du référentiel de l'agriculture raisonnée (décret 2002 en France)[60]. Cette agriculture respecte certaines obligations (environnement, risques sanitaires, santé et sécurité au travail, bien-être des animaux). Elle utilise des quantités d'intrants dans les limites d'acceptabilité (ex. : machines, OGMs, produits chimiques de synthèse...). Elle est considérée comme la transition entre l'agriculture intensive et l'agriculture biologique.

(2) L'agriculture biologique (Bio, 2013), pour sa part, a été créée afin d'aider à la protection de l'environnement (ex. : rotation des champs, absence totale de produits chimiques) et de la santé (bien-être animal, exclusion totale des produits chimiques et des OGMs) ...

(3) L'agriculture responsable (Deléage, 2005) est un système d'exploitation agricole qui respecte l'environnement, mais qui est économiquement rentable (c'est-à-dire rentable pour les agriculteurs). Ce système agricole assure sur le marché une production en qualité et en quantité suffisante.

En termes de contraintes réglementaires, l'agriculture raisonnée offre plus de liberté à l'exploitant agricole tandis que l'agriculture responsable en offre moins. Pour mieux illustrer ces contraintes, le tableau ci-dessous nous dresse une liste de règlements à respecter dans la pratique de ces trois types d'agriculture.

---

[60] Voir : Décret n° 2002-631 du 25 avril 2002 relatif à la qualification des exploitations agricoles au titre de l'agriculture raisonnée https://www.legifrance.gouv.fr/loda/id/JORFTEXT000000224876/2020-09-15/

Tableau 2 : Niveaux et types de contraintes pour les agricultures raisonnée, biologique et responsable

Type d'agriculture	Niveau de contrainte	Exigences
Raisonné	Faible	Respect des normes environnementales, Normes sanitaires (santé, bien-être animal…) Peu d'engrais chimiques, OGM dans la limite du raisonnable
Biologique	Moyen	Pas d'engrais, rotation des cultures Étiquetage strict « AB », Interdiction d'OGM et de produits phytosanitaires, pas de mécanisation, respect du bien-être animal.
Responsable/durable	Élevé	Toutes les exigences précédentes, Exigences écologiques et sociétales, Diversification & rotation des cultures, Protection des sols.

Source : Construction de l'auteur

Depuis 2009 et l'introduction du label « bio européen », l'emploi du label « bio » pour les produits issus de l'agriculture biologique reste très discutable. En effet, le bio européen possède les mêmes réglementations que le label AB, mais il est de moins en moins contraignant parce qu'il autorise l'utilisation de produits phytosanitaires et on peut relever la présence d'OGM parmi les produits[61].

---

[61] L'utilisation des organismes génétiquement modifiés dans l'agriculture et dans l'alimentation, LE DRÉAUT (Jean-Yves), Député, Président de l'Office ; REVOL (Henri), Vice-Président ; RAPPORT 545 (97-98), Tome 2, Partie 1 - OFFICE PARLEMENTAIRE D'EVALUATION DES CHOIX SCIENTIFIQUES ET TECHNOLOGIQUES https://www.senat.fr/rap/o97-54522/o97-54522_mono.html [Consulté le 23 mai 2021]

Par ailleurs, l'agriculture responsable peut être prise sous l'angle de l'agriculture durable. Cette dernière est basée sur les principes du développement durable tel qu'il a été défini pour la première fois en 1987, par le rapport de la Commission mondiale sur l'Environnement et le Développement de l'Organisation des Nations Unies, dit rapport Brundtland (Réf. : rapport Brundtland – ONU, 1987)[62]. Ainsi, l'agriculture durable est le modèle agricole du moment (nouveau modèle), car elle est basée sur les trois piliers du développement durable : écologique, social et économique. Ces trois piliers doivent être respectés « de la fourche à la fourchette » (depuis la préparation des sols jusqu'à la consommation finale des produits), en passant pour les étapes d'approvisionnement et du stockage ; « de l'étable à la table » (depuis la construction du bâtiment d'élevage ou pâturage jusqu'à la consommation finale d'un morceau de viande) ; « de la mer à l'assiette » (depuis la pêche en pleine mer jusqu'à l'assiette du consommateur final) …

Ce nouveau modèle est à la fois autonome et économe, il permet (surtout dans les pays occidentaux) un retour moderne aux principes mêmes de l'agriculture ancestrale (exemple : préservation des ressources, recyclage des déchets, protection des semences et des espèces). Dans ce nouveau modèle, figure : l'agriculture biologique, l'agrotechnologie durable, l'agro-écologie, la permaculture (durable), l'agroforesterie… Nous y reviendrons plus loin dans ce chapitre.

L'agro-écologie : comme nous l'avions mentionné au début de ce chapitre, l'agro-écologie est la pratique agricole la plus respectueuse de l'environnement, des hommes, des

---

[62] Le rapport Brundtland, O. N. U. « L'économie de l'environnement à EUREQua » Mireille Chiroleu-Assouline.

terres et des animaux. Malgré certaines idées reçues, c'est une agriculture dont la quantité de denrées produites est capable de répondre aux besoins alimentaires de la population mondiale et est économiquement viable pour les agriculteurs. Cette agriculture est soumise à deux facteurs : la réduction de l'empreinte environnementale et la prise en compte de la biodiversité.

La permaculture (durable) : la permaculture ou agriculture en permanence ou encore culture en permanence au sens large est un système de production agricole intégré dans une stratégie de développement durable. Cette pratique agricole tient compte des écosystèmes naturels et s'exerce en symbiose, avec efficacité, soutenabilité et résilience. Sur le plan éthique, cette agriculture est basée sur trois exigences : la préservation de l'environnement et la biodiversité ; la volonté de construire une communauté visant au bien-être individuel et collectif ; le partage des ressources et la redistribution équitable des surplus (au bénéfice de l'environnement et des humains).

L'agroforesterie : est l'ensemble des pratiques culturales associant des arbres, des cultures et/ou des animaux sur une même parcelle agricole, en bordure ou en plein champ.

L'agrotechnologie (durable) ou l'agriculture numérique (écoresponsable) est l'usage de la technologie dans l'agriculture, afin de nourrir une population croissante en rendant l'agriculture plus durable et en améliorant la vie des animaux de ferme.

Ainsi, l'agriculture durable représente l'alternative à mettre en place afin, d'une part, de nourrir les populations africaines et caribéennes de manière saine et responsable.

Et d'autre part, de faciliter le développement de l'Afrique et des Caraïbes. Comment y parvenir ? Avant de démontrer comment ces deux entités géographiques peuvent arriver à mettre en place des solutions agricoles durables afin de répondre aux besoins de leur population respective et d'assurer leur développement, abordons une analyse contextuelle des deux.

2. Contexte agricole du continent africain

En 2019, la population africaine se chiffrait à 1,3 milliard (dont 60 % constituent la population active), et ce chiffre pourrait doubler en 2050. Ce continent fait souvent face à de nombreux problèmes nutritionnels qui puisent leur origine à des sources diverses comme : quantité produite insuffisante, pression climatique, question foncière, gaspillage, moyens humains limités, pression humaine, absence de sécurité de la production agricole, etc., des problèmes qu'il convient d'éclairer dans les paragraphes ci-dessous.

2.1. Les contraintes du secteur agricole africain

a) Production insuffisante

La quantité de denrées alimentaires produite sur le continent est trop faible pour permettre à l'Afrique d'atteindre une certaine autosuffisance. C'est un véritable manque à gagner, car selon les experts, le marché des produits agroalimentaires pèserait 1000 milliards de dollars en 2030. Déjà, le continent importe près d'un quart de la production mondiale du riz (Marie Toulemonde, 2019) pour l'année 2019. Au total, c'est 48,7 milliards de dollars que l'Afrique subsaharienne à elle seule dépense en 2019 en importations alimentaires (FAO, 2019). Si l'Afrique ne développe aucune politique en matière agricole, son importation en denrées alimentaires pèserait à 110 milliards de dollars en 2025. Ces données montrent combien la quantité d'aliments produite sur le continent ne peut en aucun cas répondre aux besoins de la population africaine, il faut agir.

b) Pertes et gaspillage

Même si l'Afrique dépense énormément d'argent pour importer des denrées alimentaires, il est à constater qu'entre l'exploitation agricole africaine et la table du repas, une grande quantité de nourriture est tout simplement gaspillée. C'est-à-dire que l'agriculture pratiquée en Afrique fait face à des pertes avant et après récoltes.

En ce qui concerne les pertes avant la récolte, elles peuvent être causées par les attaques des ravageurs, des adventices ou des maladies pendant la période des cultures. Malheureusement, nous n'avons pas de chiffre exact sur le pourcentage des pertes enregistré avant la récolte sur le continent. Toutefois, on peut rappeler les destructions de récoltes occasionnées par l'attaque des criquets en Afrique de l'Est entre janvier et mai 2020 (exemple : perte de 1,3 million d'hectares de pâturages et près de 200 000 hectares de champs en Éthiopie)[63].

Il existe également des pertes enregistrées pendant la récolte qui peuvent être causées par l'éclatement des enveloppes protectrices des graines, les dégâts mécaniques des mauvaises pratiques d'égrenage.

En ce qui concerne les pertes post-récoltes, un article publié par le journaliste Espoir Olodo sur le site de l'agence

---

[63] Le Monde avec AFP Publié le 19 juin 2020 : En pleine pandémie de coronavirus, l'Afrique de l'Est retient son souffle avant une nouvelle vague de criquets :
https://www.lemonde.fr/afrique/article/2020/06/19/en-pleine-pandemie-de-coronavirus-l-afrique-de-l-est-retient-son-souffle-avant-une-nouvelle-vague-de-criquets_6043391_3212.html [Consulté le 23 mai 2021]

Econfin, le 14 février 2019, rappelle qu'environ 37 % de la production totale du continent est perdu après la récolte. Ces pertes sont évaluées à 48 milliards de dollars, soit l'équivalent de l'argent dépensé par l'Afrique subsaharienne pour importer des denrées alimentaires (à 8 millions près). Rappelons que la FAO et la Banque mondiale ont estimé en 2011 que l'Afrique subsaharienne à elle seule perd chaque année jusqu'à 20 % du volume de grains produit, et qui est estimé à 4 milliards de dollars. Un stock perdu qui pourrait répondre aux besoins d'environ 48 millions de personnes par an. En ce qui concerne d'autres produits, la FAO avance également d'autres chiffres très surprenants, notamment pour les pertes en produits laitiers et en poissons qui s'élèvent à 30 %, pour les pertes en fruits et les légumes qui s'élèvent à 40 % (UN, 2018). Par ailleurs, avec la Déclaration de Malabo de 2014, les pays membres de l'Union africaine visent à réduire les pertes post-récoltes de moitié d'ici 2025.

c) Moyens humains limités
Selon une étude réalisée par le cabinet BearingPoint en 2019, l'Afrique est le continent où l'agriculture est une activité pratiquée par 60 % de sa population active et qui contribue à 80 % en apport de la nourriture consommée sur le continent. Cet apport serait assuré par plus de 250 millions d'agriculteurs familiaux. Malgré tous ces gros chiffres, le secteur agricole africain souffre d'un important manque de main-d'œuvre qualifiée, car les niveaux de formation des agriculteurs sont en grande partie très faibles. À cela s'ajoute la migration des jeunes vers les zones urbaines et vers l'étranger qui risque de créer un vide en matière de relève ou une perte totale de main-d'œuvre agricole (Le Point Afrique, 2018).

d) Pression humaine

La pression humaine pèse également sur le problème de disponibilité alimentaire de l'Afrique. Cette pression s'exerce de différentes manières. En effet, la déforestation (forêts d'Afrique centrale et d'Afrique de l'Ouest) au profit de la culture industrielle (ex. : le cacao et le café au Ghana et Côte d'Ivoire ; huile de palme au Congo, Cameroun et Gabon) ou au profit de la production de charbon de bois pour la cuisson, ou même l'exploitation illégale du bois (la biomasse).

La pression humaine peut aussi exercer par les pratiques de « culture sur brûlis », des techniques agricoles ancestrales, l'une des causes majeures de la déforestation et de la dégradation des sols en Afrique.

e) Question foncière

Le foncier est un des paramètres à prendre en compte dans la pratique de l'agriculture en Afrique. Son poids est exercé soit par pression démographique, soit par des accaparements des terres sur le continent. Selon Mansion et Broutin (2013), le foncier est devenu une question potentiellement explosive, source de conflits difficiles à résoudre dans de nombreux contextes d'Afrique subsaharienne. Par ailleurs, on estime à plus de 90 % le pourcentage des terres rurales agricoles africaines qui ne sont pas officiellement enregistrées (Anthony Lattier, 2013), ce qui peut faciliter les accaparements des terres agricoles par des personnes peu scrupuleuses. À ces méfaits s'ajoute le problème des droits fonciers qui reste opaque pour les femmes. Cependant, il existe des droits fonciers coutumiers et des textes de loi conventionnels garantissant la reconnaissance des droits coutumiers et le droit des femmes à la propriété foncière, mais leur application fait souvent débat. Ce qui montre combien il est important de mettre en place un vrai plan d'action, capable de faciliter l'accès à la terre agricole, et de réguler le foncier au sens large.

f) Pression climatique

La pression climatique est de loin la cause la plus importante parmi celles qui pèsent lourd sur la production et la quantité de denrées produites par le continent. En effet, les changements climatiques (inondations, sécheresse, incendies des forêts) entravent la production agricole et peuvent provoquer la dégradation des sols, l'accélération de la désertification, la réduction des réserves en eau et d'autres catastrophes naturelles. À propos de la pression climatique, on estime à 65 % les pertes en terre végétale et en éléments nutritifs pour les terres cultivables du continent, sans oublier la disparition des troupeaux de bétail (les bêtes ne trouvent ni à manger ni à boire).

Avec le réchauffement climatique, l'agriculture africaine, qui est tributaire de la pluviométrie, se trouve confrontée à la rareté des pluies, ce qui a de lourdes conséquences à la fois sur le secteur et sur la santé au sens large (perte de récoltes, prolifération des vecteurs de maladies, diminution des troupeaux, etc.).

g) Absence de sécurité à la production

Le continent africain fait face à un manque, voire à l'absence dans certains pays d'un système d'assurance agricole (indicielle et/ou indemnitaire), capable de protéger les exploitants en cas de sinistres ou tout risque de production. Parce que, en cas de sécheresse par exemple, c'est tout le secteur qui se trouve vulnérable (du petit producteur de céréales ou tubercules jusqu'aux éleveurs de bétail). Or, le secteur agricole africain traverse d'année en année des cas de sinistre plus nombreux. Les derniers en date sont les épisodes d'attaques de criquets pèlerins entre

janvier et mai 2020 en Afrique de l'Est ; les sécheresses en Afrique australe, Afrique de l'Est et subsaharienne...
Des conditions qui découragent les jeunes agripreneurs à entreprendre. Donc, la mise en place d'une assurance agricole (indicielle et/ou indemnitaire) serait un outil fort pour la promotion de la production agricole, car elle permet de prémunir les agriculteurs contre les risques de production. En plus, elle est une garantie pour les instituts de microfinance accordant des prêts aux petits exploitants agricoles.

Ces contraintes à savoir la production insuffisante, les pertes et gaspillages, les moyens humains limités, la pression humaine, la question foncière, la pression climatique et l'absence de sécurité à la production doivent être surmontées afin de pallier le problème de l'autosuffisance alimentaire du continent. Ainsi, les paragraphes suivants sont-ils consacrés à des propositions pour faire face aux contraintes mentionnées plus haut.

2.2. Solutions possibles face à l'insécurité alimentaire sur le continent

a) Contre la désertification
Pour arrêter l'avancement des déserts en Afrique, les États doivent prendre des mesures fortes. À titre d'exemple, ils peuvent reboiser massivement des terres abandonnées ou dégradées. Sur le plan des moyens, ils peuvent utiliser des essences à croissance rapide et résistante et des espèces dont les fruits sont comestibles, y compris celles qui représentent une valeur importante dans la culture locale.
Aussi, il ne suffit pas de planter des arbres, il faut aussi un suivi irréprochable des arbres durant les 12 premiers mois de leur mise en terre. En effet, pas de suivi et d'entretien,

c'est près de 75 % des graines semées ou des arbres plantés qui ne survivront pas (Deltour, 2019).

Or, chaque cas de désertification est spécifique à un pays ou un endroit donné. De ce fait, la meilleure façon de lutter contre la désertification, c'est de prendre le problème par les racines, c'est-à-dire de faire de la prévention. À propos de cette dernière, la mise en place d'une pratique agricole durable est un bon moyen d'y procéder. Il est important de changer de méthode culturale. Ainsi, le passage d'une agriculture de subsistance, basée sur la culture sur brûlis et itinérante, à une agriculture durable, permet d'y arriver.

Il existe également d'autres techniques comme : la restauration des sols par des moyens appropriés (ex. : apport du fumier ou débris organiques non toxiques) ; le barrage anti-vent (ex. : des rangées d'arbres, des palissades, etc.).

b) Contre la production insuffisante

Miser et renforcer les efforts des gouvernants avec notamment la mise en application des objectifs de la déclaration de Malabo (2014) et faire le pari de la potentialité de l'Afrique. Pour rappel, en matière agricole, l'Afrique possède 65 % du stock mondial de terres arables non cultivées et la moitié des terres fertiles et non cultivées dans le monde. Avec plus de 250 millions d'exploitants familiaux, le continent peut arriver à nourrir ses enfants. Pour ce faire, il faut agir sur la force de travail en apportant des matériels et outils qui leur permettent de mieux travailler la terre. En plus des outils, il faut également introduire des variétés (semences) à haut rendement, et utiliser des moyens de lutte écoresponsables, capables de limiter les attaques des ravageurs. Ce qui permet, au final, d'avoir des denrées disponibles capables de répondre aux besoins des populations du continent. De même, le développement de l'agriculture intelligente (durable), avec

la culture de choix de nouvelles variétés adaptatives, serait une réponse appropriée (ex : précoces ou tardives ; résistantes à la sécheresse comme maïs ou sorgho ; résistantes aux ravageurs…).
Il faut quand même rappeler qu'entre 2000 et 2018, le secteur agricole a connu une progression plus rapide en Afrique subsaharienne que dans n'importe quel autre endroit du monde : le taux de croissance moyen du PIB agricole subsaharien a atteint 4,6 % durant cette période. Ce n'est pas suffisant, car selon certains experts, si l'Afrique n'apporte pas d'amélioration dans sa manière de pratiquer l'agriculture, elle connaîtra une baisse de ses rendements agricoles de l'ordre de 20 % en 2050 (en plus, sa population sera doublée en 2050).

c) Contre la pression humaine
Contre les méfaits exercés par les actions des hommes (déboisement, incendies, culture industrielle…), les États doivent agir pour instaurer des mesures réglementaires en faveur de l'agriculture durable. Ces mesures limiteraient la coupe illégale des arbres, encourageraient de nouvelles méthodes de culture (abandon de la culture sur brûlis) et des cultures qui répondent avant tout aux besoins des populations (pas de cultures industrielles qui détruisent les sols et les forêts). Concernant la coupe des arbres pour des besoins énergétiques, les États doivent proposer des sources alternatives pour ne pas attiser des revendications qui peuvent déboucher sur un climat de violence.

d) Régler la question foncière
Sur le continent, la question foncière reste un grand chantier pour les États. Pour régler cette question, les États doivent procéder par la mise en place de titres de propriété. Pour ce faire, il faut un organe régulateur qui intègre des instances diversifiées (administrations publiques, juridictions

nationales et locales, organisations de la société civile, autorités coutumières, etc.), ce qui permettrait de tenir compte des intérêts et des droits de tous les acteurs et parties prenantes afin de satisfaire tout le monde et ne pas arriver à des cas de spoliation. Aussi, les États doivent également veiller au respect des droits fonciers coutumiers et à l'égalité des sexes en la matière. En effet, près de 62 % des femmes du continent travaillent dans l'agriculture (Wanjiru Kamau-Rutenberg, 2018). Enfin, il est conseillé de faire une mise à disposition des terres aux agriculteurs qui n'en possèdent pas (fermage, prêts d'État, etc.).

e) Amélioration des moyens humains
L'amélioration des moyens humains revient à investir dans la formation des ressources humaines sur les techniques d'exploitation et de valorisation agricoles. Dans la pratique agricole dite « moderne », un agriculteur arrive à nourrir 60 personnes. Avec plus de 250 millions d'exploitants familiaux que possède le continent, il pourrait à lui seul nourrir jusqu'à deux fois le nombre d'habitants de la planète. Ce qui montre combien il est important d'avoir une main-d'œuvre qualifiée pour mieux exploiter le secteur agricole. L'investissement dans la formation des ressources humaines est la clé sur laquelle il faut s'appuyer afin de mieux maîtriser le secteur dès l'étape de la préparation des sols jusqu'à la distribution finale des produits au consommateur (c'est-à-dire une formation alliant les techniques agricoles aux techniques de l'agribusiness).

f) Réduction des pertes et gaspillages
Comme il a été signalé dans les paragraphes précédents, le continent connaît un grand problème lié aux pertes et aux gaspillages de récoltes et de denrées alimentaires avant, pendant et après les récoltes. Les pertes de production ou pertes avant récolte sont souvent d'origine climatique

(sécheresse, inondation, etc.). Elles peuvent être corrigées par des calendriers et techniques culturales adaptés, comme des espèces résistantes à la sécheresse ou des calendriers de culture qui tiennent compte des périodes de sinistres. En ce qui concerne les pertes pendant la récolte, l'idéal serait de mettre en place des matériaux de récupération à l'instar des procédés de la cueillette de la vigne pendant les vendanges, ce qui limiterait la quantité perdue. Dans le cas des pertes après la récolte, il est important pour tous les acteurs qui interviennent dans la chaîne de mettre en place des moyens de stockage et de conditionnement appropriés en fonction des caractéristiques de chaque denrée et de son niveau dans la chaîne (jusqu'à la distribution finale au consommateur). Pour éviter toutes sortes de pertes, il faut investir dans la formation de la main-d'œuvre. Des formations plus spécifiques sont à encourager, comme celles sur les technologies post-récolte (méthode de sarclage, salage, stockage, etc.), les techniques de transformation des surplus de production et de certains produits périssables (ex. : les fruits et légumes). Concernant les produits périssables, le mieux c'est de mettre en place des ateliers de transformation des fruits et légumes d'une part et des tubercules et céréales d'autre part, en des produits prêts à consommer ou prêts à cuire (ex. : vin, sirop, pectine, marmelade, galettes, etc.). De même pour les produits gâtés, on peut les transformer en compost ou en engrais naturels ou encore les utiliser dans la fabrication de bioénergie…

g) Face à la pression climatique
Pour faire face aux aléas climatiques, il est nécessaire de prendre des mesures de protection, à la fois pour la filière végétale et la filière animale (production végétale et production animale). Si les États ne peuvent pas modifier les phénomènes climatiques, ils peuvent développer des

moyens pour permettre à leur population de survivre en période difficile. Contre la sécheresse, il faut penser à construire des abris pour les bétails, développer des systèmes de captation et de conservation d'eau... et favoriser la production des espèces résistantes... Contre l'inondation, il faut créer des canaux qui facilitent le drainage en période pluvieuse, et favoriser la plantation des arbres à fort potentiel de filtration d'eau dans le sol. Contre les incendies, il faut interdire toute exploitation illégale des forêts (sous peine de sanction pénale) ; de même, il faut encadrer les agriculteurs afin qu'ils puissent passer de la culture sur brûlis à une agriculture responsable. Le mieux, c'est de mettre en place un observatoire climatique chargé de la collecte, du traitement et de la gestion des données (ex. : climat, météo, température, pluviométrie...) afin de procéder à des prévisions climatiques.

h) Mise en place d'un système de sécurité pour les exploitants

Dans un système agricole qui fait souvent face à des conditions climatiques incertaines, la mise en place d'un système de protection pour les exploitations est nécessaire (assurance indicielle et/ou indemnitaire). Sur le continent, certaines initiatives commencent à voir le jour, mais leur présence est fractionnaire et ne représente que 1 % du marché mondial (Diop, 2016). Toutefois, on doit se féliciter des quelques efforts développés par certains États comme le Programme Global pour l'Assurance Indicielle (GIIF) lancé en 2016, l'Assurance Récolte Sahel (ARS) lancée en 2011, la Compagnie Nationale d'Assurance Agricole du Sénégal (CNAAS) lancée en 2008, le programme d'assurance-sécheresse lancé en 2006 (Diop, 2016). De ce fait, il est important d'encourager ce genre d'initiatives (assurances climatiques, assurances rendements, etc.), surtout dans les pays à risque. L'idéal serait également d'accorder des subventions aux agriculteurs. Ces dernières existent déjà, mais elles restent inadéquates et clientélistes quand elles sont initiées par l'État (comme l'explique Louis-Marie Kakdeu, 2017). Des organismes internationaux comme FIDA, BERD, FFEM, BAD, Banque Mondiale… accordent des subventions, mais elles sont encore inadéquates.

Étant donné que certains États sont faibles, l'idéal serait que la diaspora africaine y apporte sa contribution (elle représente 36 millions d'Africains qui vivent en dehors du continent et leurs transferts annuels au pays équivalent à 73 milliards d'euros)[64]. Sans aucun système de protection, les agences de microcrédit agricole ne vont jamais accorder des subventions aux petits exploitants, car ils n'ont aucune garantie.

En résumé, pour que l'Afrique soit autosuffisante sur le plan alimentaire, tous les acteurs concernés par l'agriculture dans ce continent (État, société civile, organisations internationales, leaders d'opinion, diaspora, etc.) ont leur rôle à jouer. En effet, ils doivent mutualiser leurs forces afin d'apporter des solutions appropriées aux problèmes rencontrés par le continent sur le plan agricole. La solution idéale est d'encourager le développement d'une agriculture responsable en adoptant des stratégies durables comme :
- La réduction des pertes post-récolte, la plantation des variétés de culture à croissance rapide, le développement de la permaculture, la pratique des cultures en association…

---

[64] Maryline Baumard (2019), La diaspora africaine de France envoie-t-elle ses 10 milliards annuels à la bonne adresse ? https://www.lemonde.fr/afrique/article/2019/01/24/la-diaspora-africaine-de-france-envoie-t-elle-ses-10-milliards-annuels-a-la-bonne-adresse_5413967_3212.html [Consulté le 23 mai 2021]

- Une meilleure valorisation des sols par : le développement de la permaculture, la culture en association, la culture des plantes comestibles à haute valeur ajoutée, l'application des transferts technologiques, le pâturage après récolte...
- La rentabilisation du secteur agricole par : la redistribution de la richesse aux agriculteurs, la mutualisation des forces de productions agraires...
- Le mélange du savoir-faire ancestral avec les connaissances nouvelles (ex. : calendrier lunaire)
- Le développement et l'utilisation des intrants durables (ex. : engrais organiques, biopesticides, semences...)
- La pratique de l'agriculture intelligente (durable) par : l'association culturale (ex. : permaculture et/ou association des cultures comme le haricot, maïs, chou, pois, gombo, manioc, etc. ; interdiction d'associer deux plantes d'une même famille...)
- Les mesures de protection par : l'assurance et la subvention...
- La subvention des études, des recherches, des formations, de la vulgarisation, des intrants...
- Les apports de nouvelles connaissances par : la formation, l'agriculture numérique, le développement des techniques de fabrication d'intrants agricoles, la création de groupements de producteurs, de coopératives et de syndicats, la transition en matière de pratiques (ex. : culture sur brûlis), l'alternative aux énergies consommables (ex. : charbon de bois), la transformation des denrées en des produits alimentaires...

Au vu du contexte agricole du continent, le mieux est de promouvoir l'agroforesterie comme genre d'agriculture durable et d'encourager certaines initiatives durables qui commencent à voir le jour. Dans cette logique, les paragraphes suivants sont consacrés à une brève présentation de l'agroforesterie, ses techniques, ses avantages, avant de terminer avec quelques illustrations sur des initiatives qui rencontrent le succès en Afrique.

3. Agroforesterie : un modèle pour l'Afrique et les Caraïbes

Pour rappel : l'agroforesterie est l'ensemble des pratiques culturales associant des arbres, des cultures et/ou des animaux sur une même parcelle agricole, en bordure ou en plein champ. Ce système de production agricole est au cœur des principes du développement durable. Il convient d'expliquer l'importance de l'agroforesterie à partir de la contribution de chaque organisme (animal et végétal) de cet écosystème.

En effet, la pratique de l'agroforesterie est un atout considérable, à la fois pour l'exploitation agricole et l'exploitant, pour l'environnement et tous les autres composants de l'écosystème.

3.1. Les atouts de l'agroforesterie

<u>Atout pour l'exploitation et l'exploitant</u> : les arbres associés aux cultures permettent de diversifier à la fois la production et les sources de revenus en mettant à disposition des bois d'énergie, des bois d'œuvre, des fruits, du fourrage et du BRF (bois raméaux fragmentés). Ils sont bénéfiques pour le sol en restaurant sa fertilité à partir de la chute des feuilles et la décomposition des racines (donc amélioration du rendement à l'ha). Ainsi, les plantes vont utiliser leur système racinaire pour aller chercher l'eau et d'autres substances nutritives en profondeur pour les mettre à

disposition des cultures. Enfin, les arbres font de l'ombre et assurent la protection des cultures et des animaux pâturés (ex. : bétail).

a) Atout pour l'environnement : les arbres participent à la restauration de la biodiversité, car ils servent d'habitat pour des animaux (les oiseaux, les auxiliaires ou insectes utiles, par exemple) qui, à leur tour, empêchent la propagation des nuisibles dans les cultures, ils réalisent la captation et le stockage du CO_2. Les arbres jouent également le rôle de brise-vent en servant d'abri contre le vent et les écarts de températures, et de protection du sol contre l'érosion. De plus, les arbres facilitent l'infiltration, augmentent la réserve de la nappe phréatique.

b) Atout pour les autres composants de l'écosystème : notamment pour le bétail qui trouve du fourrage en quantité et en qualité pour son alimentation ; en retour, ses déjections et urines contribuent à enrichir le sol en matières organiques (engrais naturels) et en microfaune qui exerce des fonctions non négligeables pour la vie du sol. Le développement du système racinaire facilite l'aération du sol et encourage l'activité de la faune du sol (ex. : lombric, nématodes, collemboles). De même, les oiseaux ou autres animaux trouvent refuge dans les arbres ; en retour, leurs excréments servent d'engrais organique à la fois pour les arbres et les cultures. Au cas où l'arbre associé est le cacaoyer, l'exploitation voit arriver des pollinisateurs spéciaux comme les « oiseaux-mouches » qui raffolent de ses fleurs sont également attirés par la bouse des bœufs. Cet écosystème est favorable à tous les pollinisateurs, dont les abeilles, les bourdons, les papillons, les guêpes, les mouches et autres insectes ; les oiseaux (ex. : colibris), les mammifères (ex. : chauve-souris nectarivores) en profitent ; de même pour les auxiliaires, les aleurodes, les œufs de papillon, les thrips..., le perce-oreille, les araignées, les carabes, les staphylins, les libellules, le bombyx, les guêpes, le hérisson, les oiseaux, les lézards, les crapauds et grenouilles, les chauves-souris... trouvent domicile dans cet écosystème.

c) Voici un résumé sur l'ensemble des intérêts à tirer de la pratique de l'agroforesterie :
- La reconstruction des terres cultivables.
- La protection des sols.
- Le développement d'une agriculture intégrée qui inclut :
    - L'agroforesterie et la permaculture,
    - L'élevage (vent, ombre, habitat d'oiseaux, fourrage...).
- Le bien-être des cultures : présence d'ombre, l'évapotranspiration se déroule, la pollinisation est bien assurée, la disponibilité des engrais organiques...
- Le sol est protégé contre l'érosion et ses activités biophysiques se déroulent sans encombre...
- Un atout considérable pour la *filière apicole, car les arbres utilisés* attirent le plus souvent les abeilles...
- Les bénéfices tirés des auxiliaires de culture (surtout dans la lutte biologique).

Les bonnes pratiques en agroforesterie recommandent que l'espace occupé par les arbres soit environ 5 % du total des parcelles. De même, il est recommandé d'utiliser des arbres qui donnent des fruits par exemple : l'anacardier, le manguier, le *cerisier*, l'avocatier, l'amandier, les noyers, d'autres fruitiers comestibles, car ce sont des sources de revenus pérennes pour l'exploitant agricole. D'autres espèces d'arbres comme : le gliricidia, la sesbania, la tephrosia, le faidherbia, le chêne, le merisier, l'acacia... sont également conseillés.

Après la description du modèle de fonctionnement de l'agroforesterie, faisons connaissance dans les paragraphes suivants avec quelques exemples de l'agriculture responsable qui marchent sur le continent.

4. Quelques exemples de pratique de l'agriculture responsable en Afrique et aux Caraïbes

a) Au Cameroun

Au Cameroun, des banques de céréales sont mises en place dans le but de lutter contre la faim. En effet, des greniers communautaires sont disponibles dans certains villages pour accorder des prêts de sorgho ou de mil aux habitants en cas d'épuisement des stocks. Cette initiative n'est pas une action isolée parce qu'elle est accompagnée de séances de formation sur des notions de gestion et d'entretien des aliments, pour lutter contre les pertes post-récolte.

Commentaires : ce genre d'initiatives est à encourager dans d'autres pays de l'Afrique, car elle permet (à long terme) d'éradiquer la faim sur le continent.

b) Au Mali

Depuis peu, le Mali ouvre la voie vers des pratiques durables en misant sur la formation des jeunes à l'entrepreneuriat agricole et la transformation alimentaire. Des initiatives basées sur l'utilisation et la valorisation des ressources agricoles locales et de la récolte, en passant par la transformation jusqu'à la commercialisation. Ce qui est intéressant dans ces initiatives, c'est l'accent mis sur des filières porteuses d'espoir comme l'élevage, la pisciculture, la transformation... capables d'améliorer l'état nutritionnel des habitants et de participer à la croissance économique du pays.

D'autres initiatives inspirantes sont également présentes au Mali, c'est le cas des semences améliorées de la société Faso Kaba. Ces dernières sont adaptées au climat sahélien avec des gammes de céréales et de fruits et légumes. Ce sont des exemples d'agriculture durable à entreprendre dans d'autres pays du continent.

c) En Gambie

La Gambie a misé sur l'agriculture durable en ouvrant en 2015 son centre « Songhaï » pour la formation des jeunes sur l'entrepreneuriat agricole. Son l'objectif final est d'arriver à réduire le chômage des jeunes et améliorer la production locale. Dans ce centre, les apprenants sont formés par d'anciens élèves ou des formateurs venant du centre Songhaï de Porto-Novo (la maison mère) qui prônent la philosophie « de faire de grandes choses avec peu de moyens ». L'exemple « ferme-école modernisée » de la Gambie est à encourager pour plusieurs raisons, car il se base sur des fermes-pilotes pour assurer correctement la formation des apprenants et insiste beaucoup sur le développement durable.

d) Au Gabon

Le Gabon est un pays où le pétrole contribue à 45 % de son PIB. Il veut faire de l'agriculture le pétrole de demain. Pour ce faire, le gouvernement passe à l'action par l'entérinement d'un décret le 8 novembre 2019, sur la création et l'organisation des filières agricoles dans les Centres de Formation et de Perfectionnement Professionnels Publics et Privés agréés. À partir de ce décret, le Gabon va voir l'agriculture enseignée dans les écoles, dès le niveau scolaire de 5e année et 16 ans d'âge (au moins). De plus, ce décret vise l'autosuffisance et la sécurité alimentaire du Gabon. C'est également un excellent appui au programme GRAINE (la Gabonaise des Réalisations Agricoles et des Initiatives des Nationaux Engagés), lancé depuis le 22 décembre 2014 par le Président Ali Bongo. C'est aussi profitable à l'agriculture durable, car le Gabon dispose d'un climat favorable et d'abondantes terres arables.

e) Au Burundi

L'exemple du Burundi est un cas technique de l'agriculture durable où Duchaufour (chap. 7) a démontré que l'utilisation de la paille comme couverture de sol dans les bananeraies et les caféières limite les pertes en eau. Aussi, les sous-sols de ces cultures sont souvent meilleurs que sous les jachères proches.

Ainsi, la présence de bandes paillées réduit autant l'érosion que des haies vives plantées tous les dix mètres pour les sous-cultures sarclées (ex. : manioc, maïs, sorgho et haricot). L'efficacité de cette technique réside dans ses actions de protection des sols contre tout type d'érosion (éolienne et hydrique). De plus, les paillis améliorent l'infiltration de l'eau de pluie et d'irrigation et les pores du sol restent ouverts (une bonne aération du sol). De plus, cette technique permet de réduire l'évaporation, car le sol est moins exposé au rayonnement du soleil. D'autres raisons peuvent expliquer l'intérêt de cette technique agroécologique, notamment avec les paillis qui offrent : une excellente source de nourriture pour les organismes du sol ; une barrière contre la croissance des mauvaises herbes (adventices) ; une protection contre le réchauffement du sol ; des éléments nutritifs au sol (utilisables par les plantes) par la décomposition continuelle de sa matière organique, ce qui augmente la teneur du sol en matière organique, etc.

f) En Côte d'Ivoire

Le cas de la Côte d'Ivoire est basé sur le modèle de l'économie circulaire. En effet, le pays opte pour la production de l'électricité à partir des résidus du palmier et du cacao. C'est un excellent moyen que le pays applique pour valoriser les déchets agricoles issus de la transformation des produits phares du pays. Tout est à gagner pour ce pays qui génère des quantités importantes de biomasses à partir de la transformation des produits précités, utilisables comme source d'énergie.

Par ailleurs, la Côte d'Ivoire se tourne de plus en plus vers la production de cacao bio (SCEB : Société Coopérative Équitable du Bandama) et le circuit équitable, ce qui représente un grand pas vers l'agriculture responsable. De plus, depuis 2016, le pays développe le projet « e-agriculture » via le Programme National d'Investissement Agricole (PNIA) et la stratégie du gouvernement. Ainsi, en 2018, le gouvernement a contracté un prêt de 70 millions auprès de la Banque Mondiale qui servait à accompagner 6,1 millions de petits exploitants ivoiriens dans le cadre de ce projet « e-agriculture ». Autant d'initiatives responsables à imiter dans d'autres pays du continent.

g) Au Bénin

Au Bénin, depuis 1985, le Centre Songhaï forme des fermiers-entrepreneurs en agro-écologie. À l'issue de la formation suivie au centre, chaque apprenant a les moyens pour faire de la production écoresponsable dont les rendements obtenus sont supérieurs à ceux d'une production utilisant des engrais chimiques et des pesticides de synthèse. De plus, tous les élèves passés au Centre Songhaï sont formés pour être polyvalents en tant que fermiers-entrepreneurs. Ainsi, ils sont formés pour l'agriculture, l'élevage, l'aviculture, la pisciculture et la production d'engrais organiques. Ce n'est pas tout, ils sont

également formés à la transformation des produits issus des cultures et élevages (ex. : farine et céréales, jus de fruits, concentrés de tomates, chips de banane, etc.).
Le Centre Songhaï n'est pas la seule initiative inspirante du Bénin, il existe également l'association « Les Jardins de l'Espoir » qui forme les jeunes aux principes de l'agro-écologie et à l'entrepreneuriat vert au cours d'une formation intensive de six jours. Officiellement créée en juillet 2015, l'association « Les Jardins de l'Espoir » est devenue un réseau de fermes agroécologiques qui s'étend sur tout le Bénin. Cet exemple est applicable dans d'autres pays, car il permet de former un maximum de futurs exploitants en agro-écologie en un temps record.

h) En Éthiopie

L'Éthiopie fait partie de la liste des pays qui sont en proie aux dérèglements climatiques souvent néfastes pour l'agriculture. Pour trouver une solution agricole face à ces conditions difficiles, le pays opte pour la recherche et le développement de nouvelles variétés de semences. En plus d'être résistantes, ces nouvelles variétés ont la capacité d'augmenter les rendements à hauteur de cinq fois ceux de la variété existante (exemple avec le sorgho).
Mieux encore, pour lutter contre les dérèglements climatiques, le pays a entrepris en juillet 2019 un vaste chantier de reboisement où 363 millions d'arbres ont été plantés en 12h, battant ainsi le record de l'Inde. C'est d'autant plus intéressant que les arbres seront d'excellents vecteurs bénéfiques pour l'agriculture : protection du sol contre les érosions (éolienne et hydraulique) ; ombre pour et fourrage pour le bétail ; refuge pour certains animaux sauvages ; accueil pour les auxiliaires…

i) À Madagascar

Depuis l'arrivée du Président Andry Rajoelina au pouvoir, Madagascar ne ménage pas ses efforts en investissant massivement dans des projets durables. Ainsi, le gouvernement veut que le pays redevienne une île verte, avec un objectif de 40 millions d'arbres plantés par an minimum (soit 40 000 ha/an). C'est encore plus bénéfique si le pays pense à pratiquer l'agriculture responsable parce que les arbres offrent des avantages non négligeables pour ce type d'agriculture (comme présenté plus haut).

Le pays vise également le chemin de l'autosuffisance alimentaire en signant un partenariat avec une société des Émirats arabes unis, spécialisée dans la production agricole à grande échelle. De ce fait, le gouvernement a mis 60 000 hectares de terres à disposition de ladite société afin de produire environ 350 000 tonnes de riz « pour que Madagascar commence à ne plus importer du riz et à atteindre son autosuffisance rizicole d'ici la fin du mandat du gouvernement actuel » (comme l'explique monsieur Lucien Ranarivelo, ministre de l'Agriculture, de l'Élevage et de la Pêche du Madagascar). C'est du gagnant-gagnant parce que la société apporte la technologie, les expertises et les moyens matériels, ce qui favorise les Malgaches à la fois dans l'apprentissage et le transfert de technologie.

j) En Haïti

Le cas d'Haïti est très particulier, mais son exemple peut inspirer les pays du continent africain. L'exemple est basé sur le consortium de partenariat entre un collectif d'associations franco-haïtiennes (CHF : Collectif Haïti de France), une ONG haïtienne locale (Veterimed) et une ONG internationale (AVSF). Dans sa mission de défense du droit à la souveraineté alimentaire en Haïti, dans un programme solidaire baptisé « Manman bèf », ce collectif encourage des investissements solidaires à Haïti où une ou plusieurs personnes (en France ou ailleurs) peuvent contribuer à l'achat d'une vache. Ensuite, cette vache est attribuée à une famille et, au troisième veau, la famille bénéficiaire vend la vache et son veau. À ce moment-là, il sera alors proposé à l'investisseur de réinvestir dans une autre vache, de faire un don ou de récupérer les fonds investis augmentés de l'intérêt calculé au taux de 2 % l'an sur 4 ans.

Dans ce programme solidaire, le Collectif, en collectant l'investissement et le redonnant à Veterimed, joue l'intermédiaire entre l'investisseur et Veterimed. L'ONG Veterimed de son côté a un rôle de garantie auprès des investisseurs en cas de perte ou insolvabilité. L'ONG AVSF participe au suivi dans ses zones d'intervention du programme en Haïti, au suivi des campagnes de collecte des investissements en France.

Le programme ne s'arrête pas là parce que la famille qui se voit attribuer l'investissement vend le lait produit par la vache à la laiterie Lèt Agogo tous les jours (Lèt Agogo, en créole haïtien, signifie « du lait en abondance ». C'est à la fois une marque et un réseau de transformateurs de lait, produisant du lait et des yaourts aromatisés créés par Veterimed). Ce modèle est applicable dans plusieurs pays du continent africain, car il est solidaire et durable, et les intéressés peuvent entrer en contact direct avec le Collectif Haïti de France (CHF) dont le siège social se trouve à Paris.

5. Des pratiques inspirantes et durables pour l'Afrique et les Caraïbes

5.1. Le paillage Mulch (ou mulching), une solution durable

C'est une technique que l'on utilise en agriculture durable et qui consiste à placer sur le sol une couverture constituée de matériaux (organiques, minéraux ou plastiques) en fonction des végétaux, de la surface à pailler, de la saison, des ressources de l'exploitant et de la nature du sol. Couramment utilisé en permaculture, le rôle du paillage n'est pas cantonné à la simple protection du sol, car les paillis peuvent assurer plusieurs rôles comme : (1) bloqueurs, en empêchant les mauvaises herbes de se développer (il permet d'épargner la corvée de désherbage). (2) Anti-érosifs, en limitant le lessivage du sol en cas de fortes pluies (conseillé pour les terrains en pente). (3) Sauvegarde de la vie du sol en lui apportant à la fois des éléments nutritifs et en maintenant son activité microbienne intacte. (4) Nourriciers du sol en fertilisant le sol par le biais de sa décomposition tout en étant bénéfique pour la microfaune (véritable refuge pour nombreux insectes et micro-organismes utiles aux plantes cultivées). (5) Autres comme : moyens pour recycler les déchets, rétenteurs et régulateurs de chaleur dans le sol, freins au déplacement des gastéropodes, moyens pour redonner la vie à des sols érodés, etc.

5.2. Les capteurs de brouillards
Les capteurs de brouillards sont des solutions à envisager face aux problèmes de pénurie d'eau que rencontrent certains endroits (arides, montagneuses et côtières) en Afrique, y compris les Caraïbes (ex. : Haïti). Cette solution est à la fois abordable et durable et permet d'avoir une source d'eau potable dans les régions où le brouillard est fréquent.
En effet, ces capteurs sont constitués d'un filet, généralement en polypropylène et résistant aux rayonnements ultra-violets, surmonté d'un support solide et orienté en fonction des vents dominants. Ces filets captent les microgouttelettes d'eau que contiennent les brouillards ou des rosées au moment de leur passage. Ensuite, par l'intermédiaire de gouttières que contient le système, l'eau

est acheminée dans des canalisations, puis stockée dans un réservoir.

À noter que les mailles des filets ont la capacité, en moyenne, de capter 30 % de l'humidité du brouillard (soit de 17 à 42 litres d'eau par mètre carré de filet installé et par jour).

La tour Warka, une innovation qui a vu le jour en Éthiopie, qui est, selon les experts, une révolution en matière de solutions aux problèmes de pénurie d'eau, car ses performances sont supérieures à celles des capteurs qui existaient avant, avec un volume d'eau journalier allant jusqu'à 100 litres. Son inventeur (l'architecte et designer italien Arturo Vittori) continue ses recherches sur l'amélioration de la performance de la Tour actuelle afin d'augmenter de cinq fois son rendement.

Pour finir, ce genre de capteurs peut à la fois servir pour l'usage domestique et l'agriculture.

5.3. Les hydrorétenteurs

Les hydrorétenteurs sont des petits granulés de cristaux dont la membrane est en polymère de synthèse. Ils possèdent la propriété d'absorber et de retenir de grande quantité d'eau. Ainsi, l'hydrorétenteur se gonfle au contact de l'eau (pluie ou arrosage), pour la transformer en une masse (eau solide). Ensuite, il redistribue l'eau à la volonté de la plante en fonction des cycles d'absorption - relargage, ce qui permet de limiter le gaspillage. Cet intrant permet de faire des économies d'eau et d'avoir une meilleure productivité. Dans le cas où certains hydrorétenteurs sont associés aux engrais, on les appelle des polyrétenteurs qui redistribuent les fertilisants suivant la volonté de la plante, ce qui permet de limiter les risques de toxicité et de gaspillage d'engrais.

Parmi les polyrétenteurs, figure le « Polyter », un produit inventé par l'ingénieur Philippe Ouaki Di Giorno. Comme tout polyrétenteur, cet intrant possède de grandes capacités de rétention d'eau. La capacité d'absorption varie de 160 à 500 fois son poids (dépendamment du type de sol). Une fois utilisée dans un sol, sa durée de vie s'étend jusqu'à cinq ans environ. En plus de la propriété d'absorption de l'eau, le Polyter est également un fertilisant organique (à utiliser sans danger selon les dires de l'ingénieur Philippe Ouaki Di Giorno). De plus, il baisse la température du sol.
Dans les pays où la disponibilité en eau est rarissime, les polyrétenteurs apparaissent comme la solution miracle à la fois pour l'agriculture et pour le reboisement (ex. : le Polyter).

Toutefois, il faut retenir que toutes les solutions proposées pour le continent africain sont également valables pour les Caraïbes en termes de pratiques et de solutions durables aux problèmes de l'agriculture.

INVESTIR DANS L'AGRICULTURE DURABLE EN AFRIQUE ET AUX CARAÏBES

L'agriculture est la clé de la liberté économique de l'Afrique

Par Matondo G. WAWA
Docteur en gestion du leadership,
M.S. en gestion institutionnelle et santé
Professeur à l'Université (aux USA)

1. Généralités

Depuis la nuit des temps, l'agriculture a été l'épine dorsale et le moteur de la transformation économique des pays. Les révolutions dans l'agriculture ont donné le coup d'envoi à celles de l'industrie et ont stimulé le développement en Europe, en Amérique du Nord, en Amérique du Sud et en Asie. Différents facteurs sont à l'origine de chacune de ces transformations, notamment le progrès technologique, l'augmentation des compétences techniques, les changements de réglementation et même l'évolution des modes de consommation. Le dénominateur commun a toujours été un leadership gouvernemental fort. En outre, l'Afrique subsaharienne possède la plupart des terres arables du monde. La principale question à se demander est pourquoi la plupart des pays africains ne s'alimentent toujours pas leur population de façon équitable. Or, l'agriculture africaine est considérée comme le plus grand employeur du continent en plus d'avoir un produit intérieur brut (PIB) total, selon le Forum Économique Mondial sur l'Afrique (2018). La question fondamentale que l'Afrique devrait se poser, c'est pourquoi elle ne produit pas suffisamment de denrées alimentaires et de produits à valeur ajoutée pour nourrir toute sa population.

Posons donc le diagnostic du syndrome de l'agriculture africaine à travers ses forces et faiblesses ainsi que ses opportunités et menaces (SWOT).

a) Forces de l'agriculture africaine
La diversité des écosystèmes agricoles africains fournit la résilience, même si cette hétérogénéité nécessite également une gestion sophistiquée et nuancée.
La petite agriculture peut être très efficace, produisant cinq tonnes ou plus de céréales par hectare, avec des intrants et une gestion appropriée.
Les coûts de production au niveau des exploitations en Afrique sont souvent relativement faibles.
Il existe une forte tradition d'associations d'agriculteurs au niveau des villages, qui fournissent une base pour la croissance et l'innovation.

b) Faiblesses de l'agriculture africaine
Un manque de politique et de leadership interministériel cohérent en matière d'agriculture
Incitations insuffisantes à l'investissement dans les petites entreprises
L'accès aux marchés des intrants et des extrants est souvent faible.
L'agriculture pluviale prédominante est vulnérable aux précipitations peu fiables et imprévisibles.
Les sols africains sont fortement dégradés et appauvris en nutriments.
La mécanisation agricole est peu développée.
Manque de route adéquate pour déplacer les produits de l'agriculture.

c) Opportunités offertes par l'agriculture africaine
La main-d'œuvre agricole est importante : 65 % de la population africaine vit et travaille dans les zones rurales.

La main-d'œuvre sera majoritairement jeune : d'ici 2040, un jeune sur cinq dans le monde vivra en Afrique.

Il existe d'énormes opportunités pour améliorer les rendements en augmentant les taux d'application des engrais et en irriguant plus de terres

d) Menaces de l'agriculture africaine

80 % de toutes les fermes africaines (33 millions d'exploitations) ont une superficie inférieure à deux hectares, ce qui augmente les coûts de transaction (Économie mondiale en Afrique 2018).

Selon le World Economic in Africa, le succès des investissements dans l'agriculture dépend des femmes qui représentent 50 % de la main-d'œuvre agricole et qui ont un accès relativement faible aux ressources et aux services.

Les trois quarts des pays africains sont des importateurs nets de produits agricoles et les tarifs commerciaux africains sont en moyenne 50 % plus élevés que les taxes comparables en Amérique latine et en Asie. De plus, le changement climatique est susceptible de réduire les rendements des cultures dans une grande partie de l'Afrique.

2. Solutions à envisager face aux problèmes agricoles de l'Afrique

Les solutions résident dans : l'équité, le développement humain, le financement. Comme illustrent les paragraphes ci-dessous :

a) **Financement du développement :** Le financement du développement peut être défini comme l'utilisation des ressources du secteur public pour faciliter les investissements du secteur privé dans les pays à revenus faibles ou intermédiaires où les risques commerciaux ou politiques sont trop élevés pour attirer des capitaux purement privés. L'acquisition devrait avoir une évolution positive.

b) **Équité du personnel et développement humain :** L'équité du personnel est égale au développement de la main-d'œuvre du point de vue organisationnel. Il est défini comme des programmes de formation qui fournissent aux travailleurs existants et potentiels les compétences nécessaires pour accomplir les tâches nécessaires aux employeurs et permettre aux organisations de rester compétitives sur le marché.

c) **Développement produits :** Le développement de produits est le processus complet permettant de mettre à disposition d'un nouveau produit ou d'amélioration des produits existants pour les marchés existants. Les clients peuvent être externes ou internes au sein d'une organisation.

d) **Développement marché** : À ce propos, une stratégie de développement marketing est importante, car elle aide une entreprise à se développer et à atteindre de nouveaux clients de manière planifiée et structurée. Il est essentiel de s'assurer qu'il est important de cibler de nouveaux clients.

3. Conclusion

Pour finir, je suggère que tout plan de lutte contre le problème de production alimentaire en Afrique ne peut être simpliste, mais inclure des actions dans un très grand nombre de domaines simultanément. Les Africains n'ont pas à inventer la roue, ils n'ont pas à tester, mais simplement à transférer des technologies et des savoir-faire facilement disponibles et dont les résultats sont prévisibles.

Agriculture responsable et investissement en Afrique et dans les Caraïbes

Par Ange-Mireille GNAO

« L'échec n'est pas fatal, le succès n'est pas final, c'est le courage de continuer qui compte »
Winston CHURCHILL

L'objectif final des investisseurs est de réaliser une plus-value à terme, quel que soit le secteur d'activité dans lequel ils font le choix d'investir. Cependant, il existe une grande variété d'investisseurs, avec des modalités d'interventions spécifiques. La typologie d'un projet est susceptible de n'intéresser qu'un nombre limité de ces investisseurs. Les investisseurs, qu'ils soient publics ou privés, nationaux ou étrangers, investissent dans l'agriculture pour accroître la production, diversifier les produits, générer des profits et créer de la valeur ajoutée. Le développement durable et l'importance de l'investissement, selon le Programme des Nations Unies pour le Développement : quinze pays africains n'auraient pas atteint 10 % des objectifs en matière d'infrastructures définis par les Nations Unies pour l'horizon 2030. Pour remédier à ce problème, la question du financement reste cruciale (Marjorie Cessac, 2019).

En effet, la représentante des Nations Unies affirme que "les fonds de pension et souverains qui pourraient combler les besoins préfèrent souvent investir hors du continent" alors qu'avec leur aide, « la réalisation de [seulement] 25 % des ODD (objectifs de développement durable) dans ce domaine permettrait de réaliser plus de la moitié des objectifs globaux », parmi lesquels la réduction de la pauvreté, du chômage et des inégalités sociales (ibid).

Les investisseurs privés doivent ainsi comprendre qu'investir dans des ODD est un développement rentable constituant une garantie pour ceux souhaitant miser sur le développement durable.

Selon la Banque mondiale, l'Afrique subsaharienne continue d'être soutenue par l'investissement. Certains pays comme le Rwanda, la Côte d'Ivoire, le Cap-Vert devraient considérablement remonter la pente en 2021. Ce rapport donne le cas du « Rwanda qui devrait passer de -0,2 % de croissance en 2020 à 5,7 % cette année, la Côte d'Ivoire (1,8 % à 5,5 %), le Kenya (-1 % à 6,9 %), le Botswana (-9 % à 5,7 %), le Bénin (2 % à 5 %) ou encore le Cap-Vert (-11 % à 5,5 %) » (Ristel Tchounand, 2021).

De plus, pour les exportateurs agricoles, comme précisé dans le rapport, ce secteur est mieux loti que le secteur pétrolier. Les performances économiques devraient rester « en deçà des taux de 8 %, 9 % enregistrés avant la crise sanitaire covid 19. Mais globalement, les experts de l'institution de Bretton Woods tablent sur une reprise plus aisée en raison de la hausse attendue des prix internationaux pour les pays exportateurs de produits agricoles qui ont déjà connu une contraction moins prononcée de leurs économies l'an dernier ». Dans ses perspectives économiques pour 2021, la Banque mondiale table sur une croissance de 2,7 % en Afrique subsaharienne, si la reprise continue d'être soutenue par l'investissement. Certains pays pourraient considérablement sortir la tête de l'eau après une année 2020 marquée par la crise (*ibid*).

D'ailleurs, comme l'indique Ristel Tchoumand (2021), promouvoir l'investissement en Afrique est positif. Car « de nombreux experts des questions africaines s'accordent pour dire que le plus urgent concernant le continent africain est la mise à disposition d'un financement de qualité. La commission économique des Nations Unies pour l'Afrique (CEA) est allée dans le même sens dans son dernier rapport, mettant un accent particulier sur les financements innovants au bénéfice des entreprises, car, on ne le dira jamais assez, le secteur privé reste le maillon fort de toute économie ».

Comme Philippe SIMO, un entrepreneur franco-camerounais, fondateur de l'entreprise « Investir au pays » qui propose aux membres de la diaspora africaine de lancer des affaires sur le continent en les formant et en sécurisant leur business. Selon Mustapha Kessous (2020), Philippe SIMO, il y a près dix ans, a investi dans l'agriculture biologique au Cameroun dans laquelle il a acheté dans son pays d'origine environ 10 000 m2 d'hectare à une valeur de 15 000 euros. Avec cette somme, il n'aurait pas pu acheter 1m2 dans certains quartiers de Paris. L'investisseur franco-camerounais se met en scène sur les réseaux sociaux atteignant aujourd'hui 377 000 abonnés sur sa chaîne YouTube, plus de 56 000 sur Instagram et près de 330 000 sur Facebook. Il s'y met en scène sur les réseaux sociaux pour démystifier la mauvaise réputation de l'Afrique et répéter « l'Afrique n'est pas une cause perdue pour les affaires. Tout le monde croit au potentiel de l'Afrique, sauf les Africains ». Il encourage la diaspora afro-européenne à investir en Afrique. Philippe SIMO est d'ailleurs convaincu qu'« investir au pays » prendra de l'ampleur, car « la notion de retour aux sources est de plus en plus présente, surtout chez Afro-Français.

En Afrique, le secteur agricole est au cœur des économies étatiques. Il contribue en effet à hauteur de 23 % du PIB et constitue un réel réservoir d'emplois puisqu'il représente en moyenne 55 % de la population active de ces pays (ILOSTAT, 2017).

Agribusiness : Moteur du développement du secteur agricole et agroalimentaire en Afrique et dans les Caraïbes

Par Wilsonn LABOSSIERE

« L'agriculture est la mère de tous les arts : lorsqu'elle est bien conduite, tous les autres arts prospèrent ; mais lorsqu'elle est négligée, tous les autres arts déclinent, sur terre comme sur mer. »
Xénophon. 380 avant notre ère. L'Économique, V.

1. Introduction

Depuis la révolution industrielle du XVIIIe siècle, le secteur agricole a connu plusieurs bouleversements. Du point de vue technologique, le développement de la machine à vapeur révolutionna les transports terrestres et maritimes qui, avec l'usage du froid (transports frigorifiques), rendit possible le transport à grande distance de produits pondéreux[65] et périssables, et la création de grands marchés nationaux puis internationaux (Malassis, 1999). Ensuite, du point de vue de la recherche et développement (R & D), les travaux menés par Nicolas Appert en 1810, dans la mise en œuvre des procédés de conservation des aliments par la chaleur (appertisation), furent une étape décisive (voir : Wilsonn Labossière, mémoire de master de recherche soutenue en septembre 2011 au laboratoire d'Institut National de Recherche pour l'Agriculture, l'Alimentation et l'Environnement [INRAE] de Rennes [ex-INRA : Institut National de la Recherche Agronomique]).

---

[65] Produits lourds

Sa longue histoire, son caractère très spécifique du fait des produits agricoles bruts, transformés ou fabriqués et d'un lien toujours étroit avec la terre ou la mer, la nature des technologies utilisées (faible intensité capitalistique), font que ce secteur n'a pas subi au même rythme certains bouleversements comme ceux qui ont pu toucher d'autres secteurs (par exemple : construction, aéronautique, etc.). Pour rappel, l'agriculture est à l'origine de la sédentarisation et de la socialisation des hommes. Ainsi, depuis la sédentarisation, ce secteur connaît des évolutions avec l'apparition d'activités diverses destinées à répondre au besoin de la société. L'histoire rappelle également que sous le règne du Pharaon Sésostris II (-1897 à -1878) en Égypte, ce dernier aurait organisé « la production et l'emmagasinage du blé » pendant sept années d'abondance en prévision des périodes de disette et de désolation. Ce qui montre que la planification à grande échelle dans le secteur agricole ne date pas d'hier. Ce type d'organisation de la production peut correspondre aujourd'hui à une activité faisant partie de l'agribusiness (ou agrobusiness).
Par ailleurs, selon la définition de Larousse, « l'Agrobusiness ou l'Agribusiness » est l'ensemble des activités et des transactions en relation avec l'agriculture et les industries agroalimentaires. Or, le vocabulaire « agribusiness » ou « agrobusiness » est un concept anglo-saxon qui est souvent traduit en français par « industrie agroalimentaire », une traduction qui est confortée par la considération de Pascal Boniface et Charlotte Lepri, dans leur essai autour des « 50 idées reçues sur les États-Unis » publié en 2008 et réédité en 2020, l'industrie de l'agroalimentaire est devenue une production industrielle à part entière : l'agribusiness. Cependant, le concept d'« agrobusiness » ne doit pas être considéré comme « agro-industrie » ou « industrie agroalimentaire » parce que des auteurs comme Davis et Goldberg (1957) cités par

Fusonie (1995), l'ont défini comme un concept économique qui prend en compte l'ensemble des opérations impliquées dans la fabrication et la distribution de produits agricoles. Pour ces derniers, ces opérations concernent : la production, le stockage, le traitement, la distribution et la transformation de matières premières agricoles.

Les activités de transformation des matières premières issues de l'agriculture, de l'élevage, de la pêche et même de la chasse sont réalisées à des fins de production de biens (consommation alimentaire ou autres).

Dans ces dernières décennies, l'un des faits les plus marquants a été la mondialisation croissante des marchés et l'internationalisation des activités économiques. Ainsi, depuis le début des années 1980, les systèmes de production des économies de pays industrialisés ont été profondément réorganisés, notamment en Amérique du Nord, en Australie, au Japon et en Europe, dans le secteur industriel, le secteur de la production agricole et l'industrie agroalimentaire (IAA). Cette dernière dérive d'un artisanat très ancien qui remonte au néolithique et à l'invention de l'agriculture (fromages, semoules, bière).

Dans les chaînons de l'agribusiness, l'industrie agroalimentaire se substitua d'abord à l'agriculture pour la transformation de produits agricoles (par exemple, le beurre dit industriel se substitua au beurre fermier), puis aux activités domestiques, par la production d'aliments services (aliments prêts à cuire, précuits, cuisinés...) dont les produits laitiers ultrafrais, les huiles de table, le sucre, les boissons non alcoolisées, les produits de grignotage... et des services (développement de la restauration, par exemple).

Il est vrai que l'industrie agroalimentaire prend plus de place dans la chaîne « agribusiness ». Cependant, la fabrication et la vente de l'équipement agricole, la gestion du foncier, la vente et la gestion des produits agricoles, les technologies appliquées dans l'agriculture, la distribution de l'ensemble en font partie également.

Bien que l'agribusiness soit structuré avec tant d'embranchements, certains pays ont du mal à se faire une place sur l'échiquier mondial. D'autres le développent d'une manière inappropriée ou, pour la production des devises, au détriment du besoin de la population (ex. : la culture du cacao, des palmiers à huile, de l'Hevea... en Afrique, pour l'exportation vers l'Europe ou ailleurs) comme l'avait révélé Robert Linhart (1980) dans une enquête menée dans les régions sucrières du Nord-Est brésilien. Ainsi, ce chapitre cherche à poser les bases d'une réflexion sur la mise en place et le développement de l'agribusiness à grande échelle, peut-être l'un des moteurs du développement du secteur agricole et agroalimentaire en Afrique et dans les Caraïbes.

Pour asseoir cette réflexion, il importe de présenter de façon technique les différents axes de l'agribusiness, en allant de la fourche à la fourchette ou de l'étable à la table, en incluant les différents acteurs, à la fois en amont (ex. : équipementiers, semenciers...) et en aval (ex. : distributeurs, vendeurs...). Puis, terminer d'une part avec des cas pratiques qui existent à la fois en Afrique et dans les Caraïbes et d'autre part, des exemples à titre de suggestions à développer sur les deux territoires.

Toute la réflexion est orientée vers un agribusiness responsable, développé suivant une approche des objectifs du développement durable (ODD), comme l'illustrent les paragraphes suivants.

2. Agribusiness et quelques généralités

D'une manière générale, l'agribusiness, c'est l'ensemble des opérations impliquées dans la production, la fabrication et la distribution finale de produits agricoles et alimentaires (dans certains cas). Ces opérations impliquent l'intervention des acteurs en amont, des acteurs intermédiaires et des acteurs en aval, ainsi que des actions spécifiques à chaque intervalle d'intervention, comme l'illustre la figure suivante.

Par ailleurs, plusieurs opérations font partie de l'agrobusiness. Parmi lesquelles figurent des opérations de : production, stockage, traitement, distribution, transformation, vente, qui font partie des chaînes de valeur qui en découlent. Or, les pratiques de l'agrobusiness telles qu'elles se présentent de nos jours, nous viennent directement des États-Unis (cf. : illustration de la figure…), avec notamment la découverte du pétrole qui a suscité le remplacement de la force humaine par des machines agricoles fonctionnant au pétrole dont le résultat en matière de rendement était sans appel : l'énergie fournie par un litre de pétrole est équivalente à celle fournie par cent personnes travaillant durant 24h[66]. Ces opérations permettent certes d'avoir des denrées en quantité suffisante, mais elles vident les milieux ruraux de leurs habitants dont la survie dépendait des débouchés dans le secteur agricole. Ceci pour dire que ce système a des limites, car il permet d'une part à un petit groupe de devenir riche en plongeant la majorité dans la pauvreté, et d'autre part, l'augmentation des surfaces cultivées au détriment des forêts primaires ainsi que la promotion de la monoculture, etc. Ainsi, il est triste de constater qu'en un siècle, la disparition de presque ¾ des espèces et variétés adaptées aux terroirs et aux climats au profit des variétés les plus productives et les plus faciles à

---

[66] « Combien suis-je un esclavagiste ? », par Jean-Marc Jancovici, août 2013 [mai 2005]. https://jancovici.com/transition-energetique/l-energie-et-nous/combien-suis-je-un-esclavagiste/ [Consulté le 30 décembre 2020]

transporter, etc. Un constat combien regrettable, car, pour rappel, ces variétés disparues ont été sélectionnées et domestiquées par l'homme au cours des millénaires. D'où l'intérêt d'encourager une approche d'agribusiness responsable.

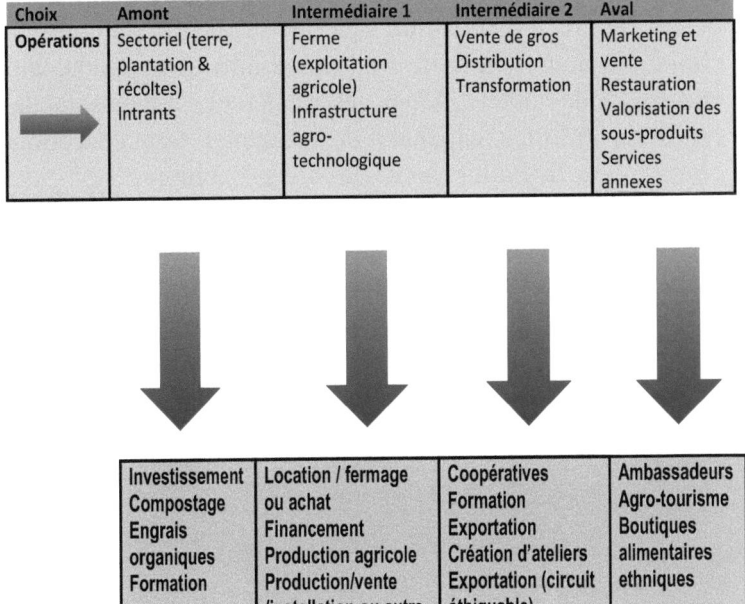

Fig 1 : Illustration des types d'opérations en agribusiness (construction de l'auteur)

3. Les principales activités de l'agribusiness

L'agrobusiness englobe toutes les activités allant de la planification de l'exploitation agricole à la distribution finale des produits au consommateur. Ces activités sont à la fois illustrées dans la figure… sur les types d'opérations en agribusiness et celle sur les différents secteurs illustrés par l'écosystème de l'agrobusiness aux États-Unis (cf. : figure ci-après). Elles représentent la chaîne de valeurs de l'écosystème. Voici les principales activités susceptibles de se rencontrer dans cet écosystème :

3.1. La recherche et développement agricoles
Il s'agit de mener des démarches prospectives dont le but est d'identifier et de produire des éléments de réflexion afin de les mettre à disposition des décideurs. De suggérer le choix des actions à mettre en place afin de répondre aux besoins de la société. Ainsi, les recherches menées sur les types de cultures capables de s'adapter aux conditions climatiques difficiles sont de bons exemples (ex. : les variétés de sorgho capables de résister à la sécheresse, développées par l'Institut d'Économie rurale du Mali). La recherche et développement agricoles font souvent partie intégrante des étapes de la planification agricole. Cette activité est surtout réalisée par des cadres expérimentés, des ingénieurs agronomes, des professionnels agricoles de terrain, des chercheurs en agriculture, ou d'autres profils de chercheurs.

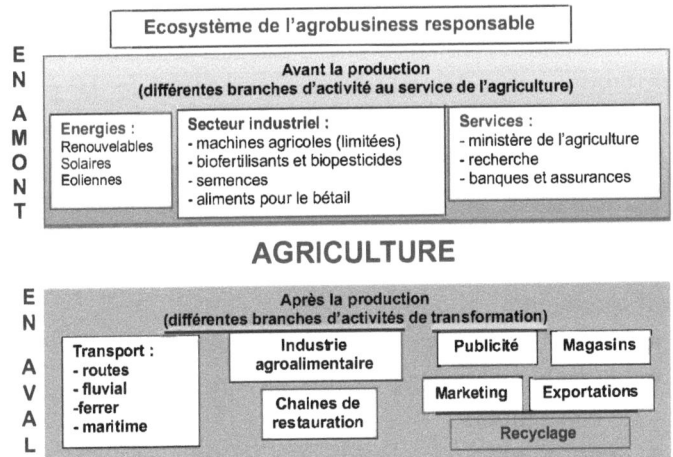

Fig 2 : Présentation de l'écosystème agrobusiness selon l'adaptation de l'auteur

3.2. Le façonnage des outils et machines agricoles

L'écosystème agribusiness est aussi caractérisé par l'industrie de fabrique d'outils et de machines agricoles. Dans les pays industrialisés, l'industrie de fabrication du matériel agricole commence à se populariser au milieu du XIXe siècle avec la création des fonderies. Ces matériels peuvent être utilisés dès la préparation des sols, pour les opérations de semis, du hersage, du moissonnage, du séchage, etc. L'utilisation des matériels issus de cette industrie permet d'augmenter la productivité agricole et de réduire les pertes avant, pendant et après la récolte. Un acteur peut décider de faire partie d'un chaînon de l'agribusiness en rentrant comme fabricant d'outils et de machines agricoles, d'instruments aratoires, d'équipements d'arrosage, de conditionnement et de transports des récoltes, etc.

3.3. La production d'intrants agricoles

Les intrants sont la base de la production agricole, ils concernent principalement les semences, les produits phytosanitaires et les produits nourriciers de la plante (engrais). Cependant, dans un sens plus large, la production d'intrants peut également concerner la production d'outils et de machines agricoles, y compris la production de différents produits apportés aux terres et aux cultures. Ainsi, dans l'agribusiness, la production d'intrants comprend spécifiquement :

- la production des semences et des plants ;
- la production des produits phytosanitaires et vétérinaires ;
- la production des fertilisants (engrais et composts) ;
- la production des biostimulants (activateurs ou retardateurs de croissance) ;
- la production des amendements (ex. : les paillis, les terreaux ou tous les autres éléments capables d'améliorer les propriétés physico-chimiques du sol, etc.).

3.4. La production agricole

La production agricole est la partie maîtresse de l'agrobusiness. Tous les autres chaînons de la chaîne dépendent d'elle, car cette activité assure l'approvisionnement de l'industrie agroalimentaire en matières premières.

D'une manière générale, la production agricole est divisée en deux grandes branches : production végétale et production animale.

La première peut être subdivisée en grandes cultures comme :

- les céréales (ex. : le blé, le quinoa, le riz, le maïs, le sorgho, l'avoine, le triticale, le seigle, l'orge, l'épeautre…) ;
- les oléagineux (ex. : palmier à huile, olivier, cocotier…) ;

- les oléoprotéagineux (ex. : cacaoyer, noisetier, colza, tournesol, arachide, soja, sésame, amandier, noyer...) ;
- les légumes (ex. : légumes racines dont la carotte ; légumes fruits dont la tomate ; les légumes feuillus, dont l'épinard, le cresson... ; les légumes bulbes dont l'ail ; les légumes fleurs, le chou-fleur, le chou brocoli et l'artichaut ; les légumes tiges dont le céleri-branche, le fenouil, l'asperge ; et autres) ;
- les légumineuses (ex. : haricots, dont les variétés noires, rouges, blanches... ; lentilles dont les variétés brunes, vertes, corails..., les pois dont les variétés chiches, cassées ; les fèves ; les variétés de soja ; ...) ;
- arboriculture fruitière (ex. : pêche, pomme, poire, abricot, kiwi, cerise, etc.) ;
- viticulture (vigne et raisin) ;
- aromaculture (ex. : plantes aromatiques, dont le thym, le basilic, etc.) ;
- sylviculture et horticulture.

La seconde branche quant à elle intègre les activités destinées à élever des animaux pour :
- la consommation directe (ex : viande, poisson) ;
- la production des produits secondaires comestibles (ex. : lait, œuf, miel, etc.) ;

Les exploitations agricoles qui optent pour la production animale peuvent s'orienter vers les porcins, les caprins, les bovins, les ovins, les volailles ou granivores, la pisciculture, l'ostréiculture, la conchyliculture ou autres pratiques d'aquaculture...

De plus, d'autres activités comme la pêche et la chasse font également partie de la branche de la production animale.

L'opération de production agricole assure la sécurité alimentaire, qu'elle soit de la branche végétale ou de la branche animale. La branche végétale paraît plus importante, car d'une part la branche animale en dépend et d'autre part, les céréales représentent à elles seules la base de l'alimentation humaine et des animaux d'élevage. La baisse, voire l'absence de production agricole, provoque souvent des crises dans certains pays du monde (ex. : les crises alimentaires de 2008 et de 2011). Ainsi, avec la croissance de la population mondiale, l'activité de la production agricole va toujours se confronter à des demandes de la part des industries agroalimentaires et de la part des décideurs dans le monde (gouvernements, ONGs, autres).

3.5. La transformation des produits agricoles
La transformation est une activité qui occupe une part importante de la chaîne. Elle assure la disponibilité des produits issus de la production prêts à la cuisson (ex. : maïs, sorgho et riz décortiqués) ou prêts à la consommation (ex. : confiture). Cette activité nécessite du savoir-faire (ex. : avoir une formation sur la transformation des denrées agricoles), des outils de transformation adaptés (ex. : un atelier de transformation fromagère), d'intégration des aspects réglementaires, notamment en matière d'hygiène (ex. : mise en place du HACCP[67]).

3.6. Intérêts de la transformation des produits agricoles
La transformation des produits agricoles requiert plusieurs intérêts :
   - La limitation des pertes et la valorisation de certains produits périssables (ex. : fruits et légumes) par

---

[67] HACCP : acronyme anglo-saxon signifiant « Hazard Analysis Critical Control Point » dont la signification en français est « Analyse des dangers et maîtrise des points critiques ».

l'allongement de leur durée de vie ou leur rendre disponible sous une autre forme.
- La valorisation des « sous-produits » en d'autres produits (engrais, traitements, cuir, laine, etc.).
- L'ajout de la valeur au produit (ex. : nettoyage, emballage et étiquetage des produits…).
- Une démarche innovante (ex. : boissons lactées aux morceaux de fruits confits).
- La conservation des produits agricoles (ex. : poisson salé, poisson séché, mangue séchée…).
- La réduction des pertes post-récoltes et des gaspillages en période d'abondance (ex. : dans le cas des fruits).

4. Réglementation dans la transformation des produits agricoles

Par ailleurs, la transformation des produits agricoles est régie par une réglementation stricte. C'est le cadre du « paquet hygiène », un ensemble de différents règlements connus sous le nom de « Food Law », des procédures relatives l'hygiène et à la sécurité des denrées alimentaires. Ce cadre réglementaire se résume ainsi :
- L'enregistrement de tous les établissements (établissements faisant partie de la chaîne) ;
- La responsabilisation des exploitants agricoles en matière de sécurité alimentaire ;
- La tenue de registres en production primaire végétale (produits phytosanitaires) et animale (santé vétérinaire ou animale) ;
- Le respect des guides des bonnes pratiques (hygiène, fabrication) ;
- La formation du personnel (sur les processus de fabrication et sur l'hygiène) ;

- La mise en place de procédures basées sur le principe de l'HACCP pour les activités de transformation agricole.

Ce cadre facilite également de tracer le parcours des produits du lieu de production jusqu'à la table du consommateur. D'où la notion de traçabilité qui consiste à réaliser un traçage qui intègre toutes les étapes de la production, passant par la transformation jusqu'à la distribution.
La traçabilité s'applique ainsi :

- Pour les animaux : ils doivent être identifiés conformément à la réglementation en vigueur. Puis, munir des registres d'entrée/sortie, de bordereaux de transport à jour. Ces derniers doivent être conservés pendant cinq ans. Pour les produits phyto et vétérinaires : les traitements administrés à l'exploitation agricole (animal et végétal) doivent être bien notés sur un registre. Aussi, il est exigé de connaitre, d'inscrire et de respecter les délais avant la traite ou l'abattage et la récolte.
- Pour les matières premières et produits transformés : tous les produits entrant ou sortant du lieu de transformation doivent être identifiés et porter un numéro de lot comme illustre la figure ci-contre.

LOT. A475839.875B
EXP. DATE: 2019-08

Production Date: 2018-01-29 09:23
Best Before: Dec 2018
Charge No.:   12345678

Fig 3 : Mode d'identification des produits entrant ou sortant

4.1. La réglementation et les locaux de transformation alimentaire
Concernant les locaux de transformation, c'est de mettre en place les principes de l'HACCP comme mentionné plus haut. Ces principes sont au nombre de sept dont :
- Principe 1 : analyse des dangers ;
- Principe 2 : détermination des CCP[68] (mesurable, maîtrisable, vérifiable) « Points critiques » ;
- Principe 3 : établir les limites critiques pour chaque CCP ;
- Principe 4 : établir un système de surveillance pour chaque CCP ;
- Principe 5 : établir des mesures correctives ;
- Principe 6 : établir des procédures de vérification ;
- Principe 7 : établir un système d'enregistrement et de documentation.

---

[68] CCP : de l'anglais "Critical Control Point" (ou Point de Contrôle Critique pour la traduction française)

Pour respecter les exigences du principe 1 de la méthode HACCP, certains experts conseillent d'utiliser la méthode des « 5 M ». Car les 5 M permettent de trouver les causes possibles et de structurer l'ensemble des informations. La représentation de cette méthode est connue au nom de diagramme d'Ishikawa (cf. : figure ci-contre[69]) qui fut créé par le professeur Kaoru Ishikawa (1943).

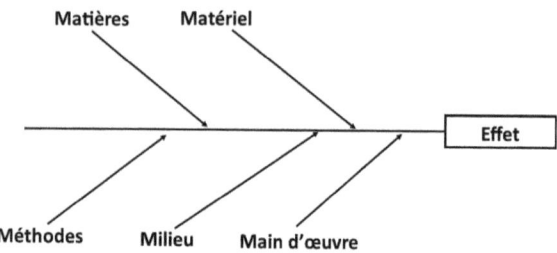

Fig 4 : Diagramme de causes à effets ou 5M

Main d'œuvre : s'intéresse aux différentes compétences dont l'entreprise de transformation dispose ;
Matière : matérielle ou immatérielle (ou intellectuelle) à la disposition de l'entreprise de transformation ;
Méthode : procédure de travail, process, canevas, protocole expérimental ;
Milieu : environnement (température, hygrométrie…) ;
Moyen : machine, outils, technologie.

Dans ce diagramme, chaque branche aide à trouver les causes génératrices des dangers constatés.

---

[69] Diagramme de causes à effets, tiré du site officiel du gouvernement du Québec
https://www.economie.gouv.qc.ca/bibliotheques/outils/gestion-dune-entreprise/production/amelioration-continue-et-resolution-de-problemes/ [Consulté le 31 décembre 2020].

Les 5 M permettent également de trouver les bonnes pistes de solution pour que l'action corrective apportée empêche que la cause première du danger n'apparaisse plus à l'avenir (action préventive).

4.2. La transformation alimentaire et le Codex Alimentarius

Aussi, toute la chaîne agribusiness est encadrée par le Codex Alimentarius[70] ou « Code alimentaire » (des normes alimentaires internationales). Le Codex Alimentarius est un ensemble de normes, de lignes directrices et de codes d'usages adoptés par la Commission du Codex Alimentarius. Il vise à protéger la santé des humains et des animaux d'élevage, et de faciliter le commerce au niveau international (et local).

D'autres sont à prendre en contre au niveau des entreprises de transformation comme l'emballage et le conditionnement, car ils apportent de la valeur ajoutée aux produits...

---

[70] Voici une définition tirée du site internet de la FAO : « Le Codex Alimentarius, ou « Code alimentaire », est un ensemble de normes, de lignes directrices et de codes d'usages adoptés par la Commission du Codex Alimentarius. Pour rappel, la Commission a été créée par l'Organisation des Nations Unies pour l'alimentation et l'agriculture (FAO) et l'Organisation mondiale de la Santé (OMS) afin de protéger la santé des consommateurs et de promouvoir des pratiques loyales en matière de commerce de denrées alimentaires. Elle est l'élément central du Programme mixte FAO/OMS sur les normes alimentaires ». Les dernières modifications des textes du Codex Alimentarius date de 2020 et ont pour titre : « Principes généraux d'hygiène alimentaire ». :
http://www.fao.org/fao-who-codexalimentarius/fr/ ;
http://www.fao.org/fao-who-codexalimentarius/thematic-areas/COVID-19/fr/ [Consulté le 31 décembre 2020].

4.3. La réglementation et l'emballage alimentaire

L'emballage est par définition l'action de placer une ou plusieurs denrées alimentaires en condition afin d'assurer sa présentation pour la vente, sa conservation ou faciliter son transport. Tandis que le conditionnement consiste à placer en contact direct une denrée alimentaire dans un contenant, il est réalisé immédiatement après la fabrication. En commerce alimentaire à l'international, l'expéditeur doit tenir compte des règlements en vigueur dans le pays de destination du produit en matière de la composition physico-chimique des emballages et contenants, y compris ceux des pays et régions où le convoi doit transiter (ex. : pour un producteur du Zimbabwe qui exporte ses fruits frais vers la France, il doit tenir compte des règlements en vigueur dans l'Union européenne). Les emballages et les contenants peuvent être faits en différents matériaux (ex. : bois, métal, verre, verre, plastique) et chacun d'eux est à utiliser en fonction du type de produit comme illustre le tableau ci-après.

Tableau 3 : différents types d'emballage et de contenant en fonction du type de produit

Matériaux d'emballage	Type d'emballage par type de produit
Verre	Oléagineux
Métal	Produits alimentaires transformés
Papier et carton	Fleurs coupées ; épices et herbes aromatiques
Matières plastiques	Fruits et légumes secs
Bois	Produits d'artisanat ; poissons et fruits de mer ; Peaux et cuirs ; produits alimentaires ; Produits naturels ; Fruits et légumes frais

Sources : Extrait du site du Centre du Commerce International[71].

---

[71] CCI, Emballages et conditionnement : https://www.intracen.org/itc/exportateurs/emballage/ [Consulté le 03 janvier 2021]

Les fonctions spécifiques de l'emballage peuvent être : techniques comme le contenant du produit, le protecteur du produit (contre les variations de température, la luminosité, le vol), le conservateur du produit, facilitateur du transport ; marketing : c'est-à-dire qu'il attire le consommateur en l'aidant à identifier le produit ou la marque et lui renseigne également les mentions légales et la facilité d'utilisation du produit, et autres. Tandis que le conditionnement peut remplir les fonctions suivantes, à savoir : le contenant (ex. : bouteille, boîte, flacon, sac...), le décor et le sur-conditionnement.

Par ailleurs, l'emballage et le conditionnement s'accompagnent toujours de l'étiquetage. Ce dernier peut dans certains cas s'associer à l'un ou deux autres pour former un seul élément, mais dans la majorité des cas, l'étiquetage est souvent séparé.
L'étiquetage peut jouer plusieurs rôles :
- Fonction légale : avec des mentions obligatoires telles que la composition du produit, le nom du fabricant, la quantité, l'origine du produit, les traitements subis, la date limite de consommation ou d'utilisation… ;
- Fonction de gestion : avec des codes-barres qui contiennent énormément d'informations sur le produit ;
- Fonction de communication : avec des informations sur le mode d'emploi et des mentions obligatoires, le nom du produit, le message publicitaire, etc. ;
- Complément d'information : avec le type de label (ex. : le bio…), l'inscription des normes de qualité, des homologations et certifications (ex : AOP, AOC, IGP, etc.).

Dans une stratégie de développement durable, il est conseillé de privilégier un emballage et un conditionnement écoresponsables, réutilisation et/ou recyclage. Ainsi, dans la chaîne agribusiness, un entrepreneur a intérêt à investir dans les emballages en bois ou des dérivés du bois, car c'est à la fois une démarche durable et respectueuse de l'environnement.

5. La distribution et la vente

La distribution et/ou la vente sont le maillon de la chaîne « agrobusiness » où l'on rencontre divers acteurs (vendeurs, acheteurs, grossistes, détaillants, manutentionnaires, conducteurs, approvisionneurs, etc.). Cette phase peut avoir lieu immédiatement après la récolte de la production ou après la transformation des produits issus la production. Cependant, certaines conditions doivent être réunies pour que les produits soient en état ou prêts à la distribution ou la vente. Ainsi, les produits doivent être nettoyés, parés, emballés, étiquetés (dans certains cas), rassemblés (des paquets, des lots), transportés vers leurs destinations ou les marchés.

La distribution exige également une infrastructure logistique irréprochable sur plusieurs angles :
- manutention,
- entreposage,
- transport,
- routes,
- énergies (eau, électricité),
- traitement et de conservation,
- et autres.

En ce qui concerne les infrastructures de traitement et de conservation des aliments, il est conseillé d'utiliser des biotraitements et des bioconservateurs qui sont éthiquement responsables (produits naturels obtenus par des méthodes de transformation biologiques comme la fermentation telle que l'alcool, le vinaigre, etc.).

Il faut également des infrastructures commerciales solides et performantes afin que les ménages puissent s'approvisionner. Ainsi, on y rencontre différents types de marchés tels que : les marchés de gros (avec des grossistes), les marchés de détail (avec des détaillants) et les marchés de rassemblement. À ceux-là s'ajoutent les entrepôts qui sont indispensables aux infrastructures de la commercialisation. Ces derniers participent à la réduction des pertes post-récoltes, à la réduction des risques sanitaires et à la stabilité de l'approvisionnement.

6. Les acteurs et composants spécifiques à l'agrobusiness

Parlons maintenant des acteurs spécifiques et des types de marché qui concernent directement l'agrobusiness ou susceptibles de se rencontrer au cœur de l'agrobusiness sur le marché international. Il est important de bien les différencier afin d'aider les lecteurs à découvrir et à mieux cerner les enjeux commerciaux et pratiques commerciales qui se situent autour de la distribution alimentaire à l'international. Ainsi figurent des négociants, des spéculateurs qui sont des agents commerciaux spécifiques ; des marchés à terme qui sont également spécifiques.

6.1. Le spéculateur

En agribusiness, les spéculateurs sont les personnes qui parient sur le cours des opérations commerciales alimentaires (soit vers une diminution ou une augmentation) sur le marché afin d'en tirer profit, soit par l'achat ou la vente des contrats à terme sur les marchés dérivés. Que ce soient des événements climatiques extrêmes (sécheresse, inondation, canicule) dans les pays grands producteurs exportateurs d'aliments ou la hausse du prix des matières premières intermédiaires (ex. : les carburants) ou autres, ce sont des indicateurs sur lesquels se basent les spéculateurs pour réaliser leur action spéculatrice.

En effet, depuis la dernière crise financière, les matières premières agricoles font l'objet de spéculations les plus folles, comme le blé, le maïs et le soja qui occupent le haut du tableau. Selon les informations avancées par un dossier thématique réalisé par le Réseau Financité, il arrive que les spéculateurs échangent chaque année jusqu'à « 46 fois la production annuelle mondiale de blé » et « 24 fois celle du maïs »[72]. Comme toute bulle spéculative, ces pratiques engendrent parfois des effets négatifs sur la société, notamment dans les pays économiquement fragiles et vulnérables où les masses les plus démunies n'arrivent pas à trouver de quoi se nourrir, car les denrées alimentaires sont rares et les prix des aliments de base flambent sur le marché. Des situations qui peuvent avoir des incidences graves comme des mouvements sociaux, des chutes de gouvernements, etc. À titre d'exemple, les émeutes de la faim entre 2007-2008 dans certains pays du monde dont la Mauritanie, la Guinée-Conakry, le Burkina Faso, le Nigeria, le Mozambique, le Sénégal, la Côte d'Ivoire, Égypte, Haïti, l'Éthiopie, Madagascar, les Philippines, l'Indonésie, le Kenya… en sont des exemples.

Face à ce constat, les pays d'Afrique et des Caraïbes devraient mettre en place des politiques publiques en matière agricole et alimentaire, capables de répondre aux besoins de leur population, afin de ne pas laisser le ventre de leurs concitoyens à la merci des spéculateurs.

---

[72] Francité (2013), Spéculation sur les matières premières agricoles - La complicité des banques belges dans la spéculation sur l'alimentation : https://www.financite.be/sites/default/files/dossier_la_complicite_des_banques_.pdf [Consulté le 26 février 2021]

6.2. Le négociant

Le négociant est une personne qui pratique le négoce en tant qu'activité commerciale, le plus souvent de très grande importance (commerce en gros volume). Le négoce peut concerner soit l'importation, soit l'exportation des biens de consommation (ex. : blé, vins, café, cacao, céréales, épices, etc.).

En ce qui concerne le monde agricole, le métier du négociant s'exerce avec diverses responsabilités comme : la collecte des denrées, le calibrage, le contrôle de qualité, la réalisation des lots, les tests sensoriels, la mise sur le marché, etc. Avec les agriculteurs, les négociants tissent des relations de présence technique et commerciale de proximité. Ainsi, ils sont des partenaires privilégiés qui accompagnent et jouent également la carte de conseiller pour les agriculteurs (accès au marché, aux outils, investissements, matières premières, développement de la zone de chalandise, diversification des activités, prendre part au capital, informations sur les prévisions climatiques, solutions de traitements, homologation, etc.).

Dans le cas des pays africains et caribéens, il est important de développer du négoce agricole intracontinental et/ou intraterritorial, capable d'accompagner les agriculteurs afin qu'ils puissent avoir l'accès au marché, aux intrants, aux investissements, etc.

La formation des négociants locaux serait un excellent atout pour l'encadrement et le développement du secteur agricole sur ces deux territoires (Afrique et Caraïbes), ce qui leur permettrait d'échapper aux spéculations des grandes multinationales alimentaires.

6.3. Les marchés à terme

Le marché à terme est la place où l'on pratique du négoce à terme, c'est-à-dire le lieu où l'on négocie, achète ou vend les biens ou services en amont de leur production suivant une durée plus ou moins longue. Ainsi, pour les denrées comme les céréales (blé, riz, orge, maïs, etc.), le soja,… les quantités disponibles sur le marché actuel ont été négociées en moyenne deux ans auparavant avant la récolte. Cette pratique n'est pas nouvelle, elle existe quasiment depuis le début du commerce entre les hommes. Elle peut être très intéressante pour les producteurs non protégés qui ont souvent fait face à des situations inattendues, dont le dérèglement climatique, la chute des prix de denrées, la baisse de récolte, etc., ce qui pourrait pénaliser leur commerce.

Ainsi, dans un cadre de politique publique en matière d'alimentation humaine, les dirigeants politiques du continent africain et des Caraïbes doivent encadrer et encourager ce genre de pratiques, cependant menées par les organismes locaux non gouvernementaux afin de garantir à la fois la protection des agriculteurs et la disponibilité des denrées tout au long de l'année. Les agriculteurs n'auraient pas à se soucier de problèmes de rentabilité et d'écoulement de leurs denrées, car les productions seraient achetées à l'avance par les organismes ou coopératives agricoles locales. Ce qui engendrerait par la suite une augmentation de la taille des exploitations agricoles et du nombre d'exploitants.

Qu'il s'agisse des marchés à terme (locaux), des spéculateurs ou des négociants, ce sont des paramètres importants à prendre en compte dans la chaîne agrobusiness. Ils peuvent engendrer l'accroissement et la disponibilité des quantités de denrées produites. Cependant, leur présence locale devrait être encouragée dans le cadre d'une politique agricole misant essentiellement par et pour les marchés locaux.

Par ailleurs, nous pouvons également rencontrer d'autres acteurs au niveau de la distribution et la vente, comme les courtiers, les coursiers, les représentants, les vendeurs, les détaillants et autres dont l'action complète celles des acteurs présentés plus haut. Toutefois, il faut noter que ces derniers interviennent le plus souvent en aval des activités de transformation (en aval des industries ou ateliers de transformation alimentaire) afin de rendre les aliments disponibles pour les consommateurs.

6.4. Principaux acteurs en aval de l'agrobusiness

Voici quelques acteurs susceptibles de se rencontrer en aval de la chaîne de valeur agrobusiness :

a) Les chaînes de restauration : qu'il s'agit de plats cuisinés, d'aliments précuits, de la restauration collective, la restauration hors domicile, la restauration rapide, etc., les chaînes de restauration sont des acteurs incontournables de l'agrobusiness. Elles facilitent l'émancipation des femmes, car elles emploient majoritairement un personnel féminin et sont le plus souvent gérées par des femmes.

b) Les agents publicitaires : sont des acteurs qui assurent la promotion des activités de l'agrobusiness. Ils facilitent la mise en avant des produits par le biais de campagnes promotionnelles. Ces acteurs peuvent également avoir pour objectif d'encourager la pratique agricole ou la valorisation de la terre en tant qu'activité génératrice de revenus, encourager les exportations, les investissements, la diversification agricole, etc.

c) Les magasins : constituent dans la majorité des cas le lieu où le consommateur final s'approvisionne en produits de consommation. Ils assurent à la fois la fonction de stockage et la fonction de distribution des produits agricoles.

d) Les exportateurs : ce sont des acteurs qui facilitent l'écoulement et la vente des produits à l'étranger. Ils peuvent être soit des personnes physiques, soit des associations qui regroupent des coopératives ou plusieurs producteurs ou encore d'autres personnalités. Par ailleurs, tout exportateur doit appliquer les principes de précaution comme elles sont définies par les organismes internationaux comme l'OMC, la FAO, OMS... ainsi que les exigences logistiques de la Chambre de commerce international (ex : les Incoterms 2020), sans quoi aucune transaction ne pourra être réalisée.

Pour en savoir plus sur les conditions à remplir dans le cas de l'exportation de produits agricoles, il est conseillé d'aller consulter les réglementations des organismes qui encadrent le commerce international ainsi que les exigences du Codex Alimentarius concernant le produit à exporter.

7. Perspectives d'agrobusiness en Afrique et les Caraïbes

Avant de présenter les perspectives de développement de l'agrobusiness en Afrique et dans les Caraïbes, faisons une synthèse infographique sur les chaînes de valeur de l'agrobusiness.

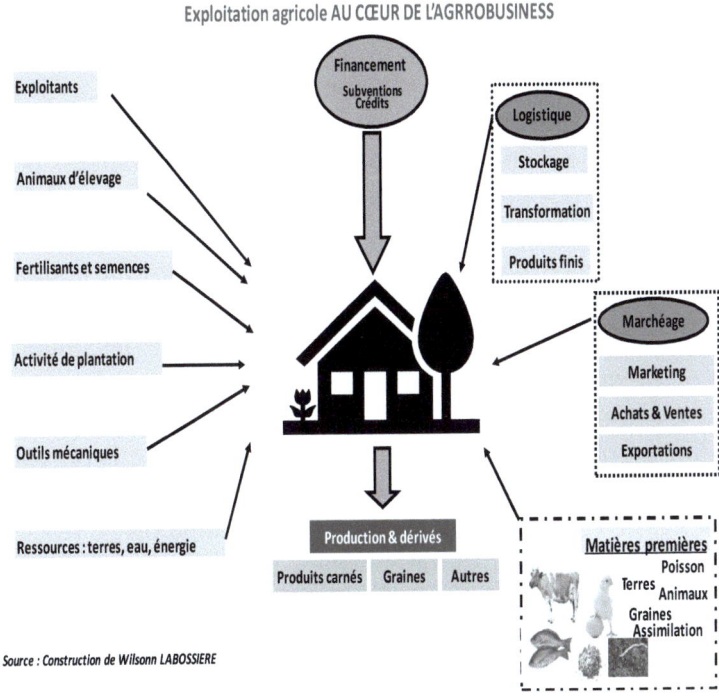

Fig 5 : Illustrations des activités et des chaînes de valeur dans l'agrobusiness

En vertu des informations illustrées dans la figure précédente, il est tout à fait intéressant de suggérer quelques pistes de réflexion à titre de perspectives de pratique et de développement de l'agrobusiness en Afrique et dans les Caraïbes.

Étant donné que l'Afrique et les Caraïbes sont parmi les territoires où la diaspora est très élevée en termes de nombre d'individus qui vivent en dehors de leur pays d'origine, ce serait un atout, voire une force, si ces personnes investissent les différents chaînons de l'agrobusiness. Par ailleurs, la Banque Mondiale estime que les importations nettes en produits alimentaires, seulement pour le continent africain, pourraient atteindre plus de 110 milliards de dollars d'ici 2025 (BAD, 2016). Des chiffres qui montrent combien il serait bénéfique pour une personne de la diaspora africaine ou les Africains d'investir dans l'agribusiness, car il n'y aura pas de problème d'accès au marché. Ainsi, au lieu de dépenser des sommes folles sur les marchés étrangers pour faire venir des produits alimentaires sur le continent, il vaut mieux investir sur place.

En réalité, ce n'est pas une chose facile surtout pour les novices qui ont souvent peur de s'aventurer en territoire inconnu… Cependant ce livre est là pour les aider à comprendre le secteur agricole africain ou caribéen avant d'y entrer.

Ainsi, voici une liste (non exhaustive) de conseils ou voies d'entrée dans l'agrobusiness des deux territoires par :

- L'investissement de la diaspora africaine ou caribéenne dans l'agrobusiness (ou le secteur agricole) ;
- L'encadrement voire l'accompagnement des coopératives agricoles déjà présentes sur place ;
- La réalisation des voyages de découverte au pays (voyages d'entrepreneurs, voyage touristique, agrotourisme…) ;
- La mise à disposition de nouvelles technologies capables d'accompagner les agriculteurs locaux et faciliter les échanges (relations, informations, prévisions…) ;
- Des rencontres avec les structures de base en milieu rural (groupes de femmes, coopératives, groupes de

jeunes, chefs de villages, etc.) afin de découvrir les écosystèmes agricoles ;
- La mise en place de labels « éthiquables » à l'instar de ceux du commerce équitable (côté marchéage) ;
- La mise en place de centres de sélection, de collecte et de distribution de semences ;
- La mise en place de centres de formation des apprentis en agrobusiness, notamment sur l'apprentissage des techniques pour la diminution des pertes post-récoltes (techniques d'emballage, stockage et conditionnement) ; des techniques marketing et de vente ;
- Le développement des moyens logistiques (sociétés de transport marchandises, entrepôts, etc.)
- La mise en place des ateliers de transformation des produits locaux (ex. : fruits et légumes, épices, légumineuses, oléagineuses, etc.) en :
    - ✓ Fruits et légumes séchés (ex. : mangues séchées, ananas séchés, papaye séchée, etc.) ;
    - ✓ Vins et des jus de fruits, produits fermentés (ex. : vinaigre, acide, alcool) ;
    - ✓ Fabrication de produit fini et dérivé (ex. : amidons, semoules, farines, sirop, poudre, autre) ;
    - ✓ Fabrication de biofertilisants et biotraitements ;
    - ✓ Fabrication d'équipements agricoles ;
    - ✓ Huiles et sous-produits (ex. : beurre de noix, coprah, etc.) ;
    - ✓ Valorisant des déchets agricoles (ex. : bioénergie, composts, terreaux, etc.) …

Autant de voies possibles à utiliser pour entrer sur le marché ou pratiquer l'agrobusiness en Afrique et dans les Caraïbes.

Ce sous-chapitre intitulé « Agribusiness : moteur du développement du secteur agricole et agroalimentaire en Afrique et dans les Caraïbes » est une réflexion sur la manière dont ces deux territoires peuvent investir et exploiter le secteur agricole afin d'y être souverains sur le plan alimentaire. Pour ce faire, il a passé en revue certains concepts sur les généralités ainsi que les principales activités de l'agribusiness. Ces activités tiennent compte de la recherche et du développement agricole, de la production d'intrants agricoles, de la production agricole et de la transformation des produits agricoles. Cette dernière représente l'intérêt pour lequel l'agrobusiness se pratique, car on peut l'exercer avec des compétences autres que celles nécessaires pour la pratique de l'agriculture. Cependant, elle exige l'application des principes réglementaires en matière d'hygiène et de sécurité afin que les produits issus de la transformation soient exempts de tout danger (physique, chimique, biologique).

De plus, d'autres concepts comme la distribution et la vente ont été abordés au cours desquels des notions relatives à l'agrobusiness comme les marchés à terme, spéculateurs et négociants ont fait l'objet de définitions. De même, concernant les principaux acteurs en aval de l'agrobusiness avant de terminer par des suggestions en perspectives au développement de l'agrobusiness en Afrique et dans les Caraïbes.

Et maintenant, êtes-vous prêt à vous lancer dans l'agrobusiness ?

RETOUR D'EXPÉRIENCE DU FORUM AUTOUR DE L'AGRICULTURE RESPONSABLE EN AFRIQUE ET AUX CARAÏBES

Vécu de *Marcelle Ballow, Simone Strähle* et Wendy Fraser, trois participantes entrepreneures au Forum Halte entrepreneurs voyageurs, réponses aux questions d'Ange-Mireille GNAO à l'initiative du projet livre collaboratif « Investir en Afrique et dans Caraïbes sur l'agriculture responsable

I. Retour d'expérience de Marcelle BALLOW

1. À quelle session ai-je participé ?

La session sur l'Agrotourisme du 23 mai 2020, intitulée « L'agriculture responsable en Afrique et dans les Caraïbes ».

2. Qu'ai-je appris ?

Que l'Afrique possède des produits d'exception qui sont peu connus. Je pense notamment à l'ananas pain de sucre, une variété d'ananas rare cultivée au Bénin et au Togo. Je parlerais aussi du dynamisme de la jeunesse africaine pour les sujets liés à l'agriculture, qui souffre souvent malheureusement d'une mauvaise image (pénibilité du travail, manque d'accompagnement, scandales sanitaires).

3. Qu'ai-je pensé du forum ?

- International et interculturel : un panel provenant de plusieurs continents avec des horizons professionnels différents

- Intergénérationnel : panel et public

Cela prouve bien que les activités ayant trait à l'agriculture peuvent amener à des échanges et des partages afin de relever les défis du secteur.

4. Comment vois-je l'avenir de l'agriculture et l'agrotourisme en Afrique ?

Je pense que cet avenir se joue justement maintenant. Nous y sommes déjà. Cet « avenir » s'écrira avec la jeunesse. L'agriculture souffre d'une mauvaise image (comme dit plus haut), car les personnes les plus pauvres sont toujours les cultivateurs/agriculteurs. Comment dans ce contexte amener les jeunes générations à s'intéresser au secteur ? Comment faire de la filière agricole une filière dont on peut vivre et être fiers sur le continent ?

Il faudrait qu'on puisse voir plus de *success-stories* dans ce secteur, des réussites qui dépassent les frontières. Pour cela, les acteurs socio-économiques et publics doivent s'engager ensemble, s'aligner sur les normes internationales pour conquérir de nouveaux marchés. Les récents scandales sanitaires (grippe aviaire…) ont créé une vraie crise de confiance chez les consommateurs. Ce qui est plus vrai aujourd'hui pour les pays occidentaux ne tardera pas à l'être pour l'Afrique avec l'émergence d'une classe moyenne, qui tend à être plus responsable dans sa consommation. Cela démontre plus que jamais la nécessité pour tous les acteurs de la chaîne alimentaire de s'orienter vers une agriculture plus vertueuse. Le grand défi est, en effet, aujourd'hui de proposer des produits salubres et de qualité. C'est aussi l'opportunité pour le producteur/transformateur/… d'ajouter de la valeur aux produits qu'il commercialise. En ce qui concerne l'agrotourisme, l'élément essentiel que j'y vois est la transmission du savoir aux générations futures : éveiller les consciences sur la nécessaire préservation des ressources, apporter un autre story-*telling* sur l'agriculture et créer indirectement de nouveaux ambassadeurs.

Marcelle BALLOW
Acheteuse projet et Fondatrice de l'entreprise The Smart Keys

II. Retour d'expérience de Simone Strähle

1. À quelle session du forum Halte aux voyageurs as-tu participé ?

J'ai participé à plusieurs sessions du forum Halte aux voyageurs, trois en tout, il me semble, entre le 25 mars et le 23 juin 2020. Ces ateliers sur Zoom étaient une initiative d'Ange-Mireille GNAO, avec de nombreux intervenant. e. s invité. e. s

2. Qu'est-ce que tu as appris ?

J'ai appris énormément de choses étant donné que l'agrotourisme, qu'il soit en Afrique ou en Europe, est un secteur que je ne connais guère. J'ai trouvé les interventions des speakers invité. e. s très complémentaires étant donné qu'ils abordaient des sujets d'expertise diversifiés allant du cadre juridique jusqu'à la mise en place d'une exploitation agricole (par exemple, la culture du manioc), mais aussi des moyens financiers et humains nécessaires.

3. Que penses-tu du Forum ?

Je trouve que ce Forum était une initiative excellente tant au niveau de la richesse de son contenu que de la qualité des intervenant. e. s. Ces forums via Zoom se sont situés en période du premier confinement de la pandémie Covid-19 et de ce fait, ils ont beaucoup contribué au maintien du lien social et je félicite l'organisatrice de cette initiative.

4. Comment vois-tu l'avenir de l'agrotourisme en Afrique et en Europe ?

C'est difficile pour moi de me prononcer sur ce point étant donné que je suis une néophyte totale dans le domaine de l'agrotourisme. Effectivement, il me semble qu'il serait bon que la conscience des gens soit sensibilisée à ce sujet afin de faire des choix plus responsables tant pour les producteurs agricoles que pour notre planète.

Simone Strähle
Directrice de l'agence Music 'N Com

III. Retour d'expérience *de* Wendy Fraser, PhD, Olympia, Washington, États-Unis

Strengthening and Repairing Trust | Author | Consultant | Coach.

1. À quelle session du forum Halte aux voyageurs avez-vous participé ?

Je ne me souviens plus de la session, cependant la session a eu lieu le 29 avril 2020, à 9 h, heure du Pacifique.

2. Qu'avez-vous appris ?

C'est pour en apprendre davantage sur les pratiques agricoles responsables. La présentation en direct dans laquelle j'ai participé a fourni des informations franches et peint des images vivantes sur les pratiques agricoles de pointe qui honoraient à la fois la science et la culture des communautés. J'ai été impressionnée par les orateurs et j'étais impatiente d'apprendre d'eux. L'information de la séance m'a mis à l'aise en sachant qu'il y a des gens intelligents et compatissants qui mènent ces efforts.

3. Que pensez-vous du Forum sur l'agriculture responsable en Afrique et les caraïbes ?

Je comprends qu'il existe un groupe voué à l'engagement de l'esprit des gens, au partage de l'information et au renforcement des relations axées sur l'agriculture responsable.

4. Comment voyez-vous l'avenir de l'agrotourisme en Afrique et en Amérique ?

Je vois une figure forte ensemble. Nous commençons seulement à forger les relations et à renforcer notre capacité de partenariat dans le développement de pratiques saines et responsables qui serviront les deux communautés.

Wendy Fraser, PhD, WendyFraserConsulting.com

CONCLUSION GÉNÉRALE

Cet ouvrage, tel qu'il est intitulé, est un outil stratégique qui montre la voie pour tout entrepreneur qui souhaiterait investir dans l'agriculture en Afrique et aux Caraïbes. C'est un qui est basé sur les matériaux collectés lors de la série des conférences réalisées entre 21 février et 03 juin 2020 sur l'agriculture responsable et ses contours. Ainsi, ce livre est structuré en six (6) axes thématiques, répartis de la manière suivante :

Le contexte légal de la pratique agricole en Afrique, au cours de laquelle l'auteure Rania Fawaz a donné un éclairage sur le (les) statut(s) juridique(s) li (é) s à ces différentes questions qui permettent de comprendre les impacts économiques et sociétaux de *« l'agro-business »* en Afrique. Une attention particulière a été portée sur le rôle majeur que les femmes jouent dans les villes et villages. Ainsi, cet axe est configuré sur deux points majeurs : le respect de l'ensemble des normes internationales et régionales édictées progressivement par les états et les organisations internationales en matière de développement durable ; le statut (juridique) des femmes en milieu agricole, en mettant l'accent sur les différentes législations édictées dans divers pays africains (par exemple : le Sénégal, la Côte d'Ivoire, le Cameroun, etc.), le droit coutumier dans certains pays africains, etc.

Le second axe thématique présente un tabloïde sur la place de la femme dans l'agriculture en Afrique et dans les Caraïbes. Au courant de cet axe, tous les auteurs ont mis l'accent sur la contribution vitale des femmes à la sécurité alimentaire de leur foyer et de leur communauté (Afrique et Caraïbes). Ainsi, un accent particulier a été mis sur le rôle des coopératives agricoles dans l'autonomisation des femmes qui est à son tour un gage de développement. De plus, cet axe a bien mis en avant le rôle des femmes dans la gestion, la transformation, la distribution et la vente des produits agricoles.

Le troisième axe thématique qui s'intitule « Agrotourisme : une mise en pratique du développement durable, a fait l'objet de la description des potentialités agrotouristiques de l'Afrique et des Caraïbes. Ainsi, une attention particulière a été portée « le Green Art » et la fête pour certains aliments (ex. : la fête de l'igname). Aussi, l'égalité entre les sexes et l'autonomie des femmes en leur permettant de sortir de l'ombre de leur mari. D'autres points abordés par cet axe concernent notamment la découverte des trésors cachés d'un pays (ex. : lieux historiques, microcultures locales, traditions ancestrales, réserves naturelles, biodiversité préservée…).

Quant au cinquième axe thématique, il met l'accent sur les différentes pratiques de l'agriculture responsable et durable qui existent en Afrique et aux Caraïbes. Aussi, cet axe présente certaines initiatives durables qui existent (par exemple des semences améliorées) et qui s'adaptent au changement climatique (ex. : agro-écologie, agroforesterie). Cet axe se termine par des cas pratiques d'agriculture responsable à titre pilote, à encourager pour des vulgarisations à grande échelle (à la fois en Afrique et dans les Caraïbes.

Le cinquième axe a repris les matériaux collectés principalement le 21 février 2020 lors de la première série. Il illustre comment les intéressés doivent mieux investir dans l'agriculture responsable en Afrique et dans les Caraïbes. Aussi, cet axe a présenté les principes du Codex Alimentarius en matière d'hygiène, à mettre en application à différents niveaux de la chaîne agricole (de la fourche à la fourchette, de l'étable à la table, de la mer à l'assiette) ou dans les activités d'agribusiness. Il a également mis l'accent sur la transformation alimentaire ainsi que les acteurs de la chaîne de valeur agricole.

Le sixième axe est une présentation des points de vue de certains participants aux séries des visioconférences par rapport au monde agricole. Il intègre également les résultats d'une interview avec une agripreneuse, ce qui montre le regain d'intérêt de cet ouvrage.

Dans l'ensemble, tous les axes thématiques de cet ouvrage présentent un état des lieux sur l'agriculture. Un secteur qui nage entre contraintes et opportunités.
Concernant les contraintes, cet ouvrage a mentionné :
- Une production insuffisante (par exemple, l'Afrique subsaharienne à elle seule dépense 48,7 milliards de dollars que en 2019 pour importer des denrées alimentaires {FAO, 2019}) ;
- Une absence d'assurance indicielle pour sécuriser l'investissement face aux aléas du secteur (ex. : contre l'attaque des criquets, sécheresse, inondation, incendies, etc.) ;
- Les problèmes sociaux ou relevant de l'ordre coutumier dans les pays africains… ;
- Le problème de toxicité des sols dû à l'utilisation de certains produits phytosanitaires dans les plantations de banane depuis 20 ans dans certains pays des Caraïbes (ex. : le chlordécone à la Martinique et à la Guadeloupe) ;
- Problème dû à l'opacité des droits fonciers pour les femmes ;
- Problème dû au manque de main-d'œuvre formée et qualifiée ;

- Problème dû à la pression climatique (ex : désertification accélérée, sécheresse, el niño, inondation, tempêtes, cyclones…) …

En ce qui concerne les opportunités, ce livre a mentionné que plus de 65% des réserves de la planète en terres arables non cultivées et 50% du total des terres fertiles encore inutilisées au monde se trouvent en Afrique, de même pour la plus grande part de population active qui pratique l'agriculture (majoritairement des femmes). Aussi, l'Afrique possède une main-d'œuvre à bon marché…

Ainsi, cet ouvrage a donné certaines propositions de solution face aux contraintes mentionnées plus haut. Ce sont des contributions considérables que chaque lecteur doit apprécier dans les paragraphes ci-dessous :

Autonomisation des femmes par l'agriculture

- ✓ Créer des groupements de femmes pour cultiver de plus grands espaces, groupements solidaires d'épargne et de crédit,
- ✓ Promouvoir des ateliers de formation sur le rôle des femmes dans l'agriculture, l'agrotourisme…
- ✓ La constitution de coopératives qui favorise l'accès des femmes au foncier

Pratique agricole durable

- ✓ Promouvoir des pratiques climato-adaptées ou une agriculture intelligente au regard du climat : agro-écologie, agroforesterie,
- ✓ Le développement de la permaculture, les cultures associées, la culture des plantes comestibles à haute valeur ajoutée, le pâturage après récolte…

Pratique de valorisation des produits agricoles et réduction des pertes

- ✓ Promouvoir des programmes de transformation des denrées agricoles en produit prêt à l'emploi
- ✓ Mettre en place des moyens de stockage et de conditionnement appropriés,
- ✓ Investir dans la formation sur les technologies post-récolte (méthode de sarclage, salage, stockage, etc.),
- ✓ Promouvoir des techniques de transformation des surplus de production et de certains produits périssables (ex. : les fruits et légumes).

Développement de l'agripreneuriat
- ✓ Encourager la diaspora (africaine, caribéenne) à investir dans le secteur de l'amont à l'aval,
- ✓ Encourager la pratique de l'agrobusiness responsable,
- ✓ Intégrer l'agrobusiness dans le cursus académique dès le collège.

Encadrement du secteur
- ✓ Créer ou favoriser la création des coopératives agricoles, promouvoir le développement de celles qui sont déjà créées par l'encadrement et la formation des membres et/ou agriculteurs ;
- ✓ Investir dans la formation des ressources humaines sur les techniques d'exploitation et de valorisation agricoles.
- ✓ Mise en place d'un système de sécurité pour les exploitants (ex. : assurances indicielles)
- ✓ Accorder des subventions aux agriculteurs,
- ✓ Faciliter les transferts technologiques, de la vulgarisation,
- ✓ Redistribuer la richesse aux agriculteurs, mutualiser les forces de productions agraires…

Développer des actions contre la désertification
- ✔ Promouvoir des programmes de reboisement des terres abandonnées ou dégradées ;
- ✔ Reboisement avec des essences à croissance rapide et résistante
- ✔ Reboisement avec des espèces à fruits comestibles,
- ✔ Reboisement avec des espèces qui représentent une valeur importante dans la culture locale.
- ✔ Changer de méthode culturale : passage d'une agriculture de subsistance (ex. : culture sur brûlis et itinérante), à une agriculture durable (ex. : agro-écologie).
- ✔ Promouvoir des techniques de restauration des sols par des moyens appropriés (ex. : apport du fumier ou débris organiques non toxiques) ; le barrage anti-vent (ex. : des rangées d'arbres, des palissades, etc.).

Agir pour la disponibilité alimentaire
Efforts pour la réduction des pertes post-récolte, la plantation des variétés de culture à croissance rapide, le développement de la permaculture, la pratique des cultures en association…

Encourage et dupliquer les modèles existants qui fonctionnent
- ✔ Au Cameroun : les banques de céréales qui permettent de pallier l'épuisement des stocks ;
- ✔ Au Mali : la mise en place de la formation des jeunes à l'entrepreneuriat agricole et la transformation alimentaire, l'utilisation et la valorisation des ressources agricoles locales et de la récolte, l'élevage, la pisciculture … ;
- ✔ A Gambie : la mise en place des actions vers le développement de l'agriculture durable en ouvrant

en 2015 son centre « Songhaï » pour la formation des jeunes sur l'entrepreneuriat agricole ;
- ✓ Au Gabon : le gouvernement veut faire de l'agriculture le pétrole de demain avec notamment le programme GRAINE (la Gabonaise des Réalisations Agricoles et des Initiatives des Nationaux Engagés) ;
- ✓ Au Burundi : l'utilisation de la paille comme couverture de sol dans les bananeraies et les caféières limite les pertes en eau, réduit l'érosion, améliore l'infiltration de l'eau de pluie et d'irrigation (et les pores du sol restent ouverts), réduire l'évaporation ;
- ✓ En Côte d'Ivoire : la promotion de l'économie circulaire est en marche avec la production de l'électricité à partir des résidus du palmier et du cacao. Le pays se tourne de plus en plus vers la production de cacao bio (SCEB : Société Coopérative Équitable du Bandama) et le circuit équitable ;
- ✓ Au Bénin : le Centre Songhaï est la référence du continent en matière de formation des fermiers-entrepreneurs en agro-écologie. Ainsi, la formation s'oriente vers l'agriculture, l'élevage, l'aviculture, la pisciculture et la production d'engrais organiques. Il existe également l'association « Les Jardins de l'Espoir » qui forme les jeunes aux principes de l'agro-écologie et à l'entrepreneuriat vert au cours d'une formation intensive de six jours.
- ✓ En Éthiopie : la recherche et le développement de nouvelles variétés de semences sont la solution agricole face à ces conditions difficiles dues aux dérèglements climatiques. Ce pays est également un champion dans la lutte contre les dérèglements

climatiques (ex. : en 2019 il y a eu 363 millions d'arbres plantés en 12h).
- ✓ À Madagascar : des projets durables afin que le pays redevienne une île verte, avec un objectif de 40 millions d'arbres plantés par an minimum (soit 40 000 ha/an). Le pays vise également le chemin de l'autosuffisance alimentaire en mettant des hectares de terres à disposition des sociétés de production à grande échelle afin de pouvoir nourrir toute la population.
- ✓ En Haïti : la mise en place des investissements solidaires calculés au taux d'intérêt de 2 % l'an sur 4 ans permet d'encourager l'élevage de vache laitière dans la paysannerie du pays.

Wilsonn LABOSSIERE

NOTES DE RÉFÉRENCES

A- Bibliographie
Akwe I. (2020), *Condamnés à réussir, Éditeur Atramenta, 158 pages.*

Aquilina, Manuelle et Claire Maheo, 2015, « La communication des CRT favorise-t-elle les objectifs du tourisme durable en structurant les offres et démarches du territoire régional ? », dans Laurent Bourdeau, Pascale Marcotte, Érick Leroux et Bruno Sarrasin (dir.), Actes des 6es Journées scientifiques du tourisme durable, Québec, p. 32-48.

BAD (2016), « Stratégie Nourrir l'Afrique », Stratégie pour la transformation de l'agriculture africaine 2016–2025 : https://www.afdb.org/fileadmin/uploads/afdb/Documents/Policy-Documents/Feed_Africa_-_Strategie-Fr.pdf [Consulté le 28 février 2021].

Barthez A., 1982, Famille, travail et agriculture, Paris, Economica.

Barthez A., 2005, « Devenir agricultrices : à la frontière de la vie domestique et de la profession », Revue économie rurale, n° 289/290, pp. 30-43.

Bar-Yosef O. (1998), « The Natufian culture in the Levant, threshold to the origins of agriculture », Evolutionary Anthropology: Issues, News, and Reviews, vol. 6, no 5, 1er janvier 1998, p. 159–177

Begon M. et Disez N. (1995), « Agriculteur, tourisme et statut social » dans Agritourisme et développement local, ENITA-IREST, Collection Actes, n°3, présenté à l'Amphithéâtre Liard-La Sorbonne, le mercredi 7 juin 1995, 120-125.

Berriane, M., & Aderghal, M. (2012). Tourisme rural, Gouvernance Territoriale et Développement Local en zones de montagnes. *Edition UMV Rabat, ONDH, ANU.*

BERRISSOULE Badra (2018), L'agriculture, une affaire de femmes en Afrique, Edition N°:5269 Le 10/05/2018, http://www.ired.org/spip.php?article6139 [Consulté le 27 mai 2021]

Bettinger, R., Richerson, P., & Boyd, R. (2009). Constraints on the development of agriculture. *Current Anthropology, 50*(5), 627-631.

Bio, A. (2013), L'Agriculture biologique. *Ses acteurs, ses produits, ses territoires. Paris: La Documentation française.*

Blangy, S., McGinley, R., & HARvEy lEMElIN, R. (2010). Recherche-action participative et collaborative autochtone: améliorer l'engagement communautaire dans les projets touristiques. *Téoros: Revue de recherche en tourisme, 29*(1), 69-80.

Boileau-Despréaux, N. L'Art poétique (1674), ed. *Jean-Clarence Lambert and François Mizrachi (Paris : Union Générale, 1966).*

Boniface, P. (2020). *50 idées reçues sur l'état du monde-Édition 2020.* Armand Colin.

Bouchard, C., Marrou, L., Plante, S., Payet, R., & Duchemin, E. (2011). Les petits États et territoires insulaires face aux changements climatiques : vulnérabilité, adaptation et développement. *VertigO-La revue électronique en sciences de l'environnement, 10*(3).

Cessac M. (2019), Objectifs de développement durable : l'Afrique à la traîne dans le domaine des infrastructures, *POLITIQUE ÉCONOMIQUE*, 22 mai 2019 : https://www.jeuneafrique.com/778437/economie/objectifs-de-

developpement-durable-lafrique-a-la-traine-dans-le-domaine-des-infrastructures/ [consulté le 29 mai 2021].

CIVAM (2015), L'agriculture durable : une voie d'avenir - Grands principes de l'agriculture durable Méthode et indicateurs, *Témoignages de producteurs*,
Crosby, AW (2003). *L'échange colombien : conséquences biologiques et culturelles de 1492* (Vol. 2). Groupe d'édition Greenwood.

Codex et la sécurité sanitaire des aliments : http://www.fao.org/fao-who-codexalimentarius/fr/ [Consulté le 31 décembre 2020].

Davis, J. H., & Goldberg, R. A. (1957). Concept of agribusiness.

Deléage, E. (2005), L'agriculture durable : utopie ou nécessité?. *Mouvements*, (4), 64-69.

Delisle, M. A., & Jolin, L. (2007). *Un autre tourisme est-il possible?: éthique, acteurs, concepts, contraintes, bonnes pratiques, ressources*. PUQ.
Delphy C., 2001, L'ennemi principal. Penser le genre, Paris, Syllepse.

Demirguc-Kunt, A., Klapper, L., Singer, D., Ansar, S., et Hess, J. (2018). *La base de données mondiale Findex 2017: mesurer l'inclusion financière et la révolution fintech*. La Banque mondiale.

Diop, S. (2016). L'assurance indicielle : un produit de gestion du risque agricole dans les pays en développement à renforcer. *Techniques Financières et Développement*, 122(1), 37-47.

Dookie N. (2017), Les femmes caribéennes, une autre approche de l'agrobusiness in Leaders de l'agrobusiness : les femmes mènent l'innovation agricole, https://cgspace.cgiar.org/bitstream/handle/10568/90066/Spore-187-FR-WEB.pdf [Consulté le 27 mai 2021]

Doussan, I. (2004). Entre contrainte et incitation : analyse juridique de la qualification au titre de l'agriculture raisonnée. *INRA Sciences sociales*, *2004*(910-2016-71733).

Duchaufour H. (2012), Influences de la fertilisation et de la gestion de la biomasse sur la production de couverts permanents en milieu montagnard tropical densément peuplé, in Lutte antiérosive, IRD Éditions, 2012

Durrande-Moreau, A., Courvoisier, F. H., & Bocquet, A. M. (2017). Le nouvel agritourisme intégré, une tendance du tourisme durable. *Teoros. Revue de recherche en tourisme*, *36*(36, 1).

Dyrion, M. (1923). Chimie et électrochimie : Les Procédés de Fabrication des Engrais azotés Conférence faite à la Société d'Agriculture de Vaucluse le 10 avril 1923. *La Houille Blanche*, (4), 144-149.

Griffon, M. (2013). Vers une septième révolution agricole. *Revue Projet*, (1), 11-19.

Guétat-Bernard, H. (2015). Travail des femmes et rapport de genre dans les agricultures familiales: analyse des similitudes entre la France et le Cameroun. *Revue Tiers Monde*, (1), 89-106.

FAO (2009), *La parité hommes-femmes dans le secteur de l'agriculture et du développement rural.*

FAO (2011), Le fossé hommes-femmes dans le secteur agricole : faits et chiffres in LES FEMMES DANS L'AGRICULTURE - Combler le fossé entre les hommes et les femmes, pour soutenir le développement, LA SITUATION MONDIALE DE L'ALIMENTATION ET DE L'AGRICULTURE pp.25-43

FAO (2019), *La situation mondiale de l'alimentation et de l'agriculture : aller plus loin dans la réduction des pertes et gaspillages de denrées alimentaires,* Rome, 2019.

Farnworth, C., Fones-Sundell, M., Nzioki, A., Shivutse, V., Davis, M., Kristjanson, P., & Rijke, E. (2013). *Transforming gender relations in agriculture in Sub-Saharan Africa.* Stockholm: SIANI.

FAO (2011), Le rôle des femmes dans l'agriculture : Combler le fossé entre les hommes et les femmes, pour soutenir le développement, http://www.fao.org/publications/sofa/2010-11/fr/ [Consulté le 27 mai 2021]

FAO (2011), Programme continental de réduction des pertes après récolte - Evaluation rapide des besoins au Mali, http://www.fao.org/3/au872f/au872f.pdf [Consulté le 28 mai 2021]

FAO (2011), Le fossé hommes-femmes dans le secteur agricole : faits et chiffres in LES FEMMES DANS L'AGRICULTURE - Combler le fossé entre les hommes et les femmes, pour soutenir le développement, LA SITUATION MONDIALE DE L'ALIMENTATION ET DE L'AGRICULTURE pp.25-43

FAO (2019), Perspectives de l'alimentation ; voir : https://cutt.ly/2fAWDKU

Flanigan, S., Blackstock, K., & Hunter, C. (2014). Agritourism from the perspective of providers and visitors: a typology-based study. *Tourism Management, 40,* 394-405.

Francité (2013), Spéculation sur les matières premières agricoles - La complicité des banques belges dans la spéculation sur l'alimentation : https://www.financite.be/sites/default/files/dossier_la_complicite_des_banques_.pdf [Consulté le 26 février 2021]

Fusonie, A. E. (1995). John H. Davis: Architect of the agribusiness concept revisited. *Agricultural History*, *69*(2), 326-348.

Herrera, H. (2016). Guía Metodológica para proyectos y productos de Turismo Cultural Sustentable. *Revista Arquitectura+*, *1*(2), 3-4.

ILOSTAT. (2017). Indicateurs Clés du Marché du Travail. emploi par secteur. base de données statistiques, https://www.ilo.org/wcmsp5/groups/public/---dgreports/---stat/documents/publication/wcms_498930.pdf [consulté le 29 mai 2021].

Ishikawa, K. (1943). Diagrama Causa-Efecto. *Recuperado el, 15*.

Jean-Denis Vigne (2017), « The origins of animal domestication and husbandry: A major change in the history of humanity and the biosphere », Comptes Rendus Biologies, vol. 334, no 3, 2010, p. 171–181

Jean-Denis Vigne (2019), « D'où viennent nos chats », Espèces, septembre-novembre 2019, p. 14-23

Jean, G. (2013). *Ils ont domestiqué plantes et animaux : Prélude à la civilisation*. Quae.

Karamoko S. (2019), La fête de l'igname et le développement socioéconomique en pays akan : le cas du royaume agni-diabè, *Revue des sciences humaines et des civilisations africaines*, p.101–119

Labossière W. (2011), Analyse des démarches de restructuration (fusion-absorption OPA,...) inter-entreprises agroalimentaires. Impact et conséquences en termes de marques et de marchés (Mémoire de Master 2, Agrocampus Ouest-CFR de Rennes).

Labossière, W. (2014). *Analyse des effets d'appartenance ethnique sur l'usage et la représentation pour les services de télécommunication à l'international en France et ses implications marketing* (Thèse de doctorat, Evry-Val d'Essonne).

Lagrave R.-M. (dir), 1987, Celles de la Terre. Agricultrices, l'invention politique d'un métier, Paris, Éd. de L'EHESS.

Laliberté, M. (2005). Le tourisme durable, équitable, solidaire, responsable, social...: un brin de compréhension. *Téoros. Revue de recherche en tourisme*, 24(24-2), 69-71.

Laurent Bouby (C2012), « Diffusion des plantes cultivées », Dossiers d'Archéologie (Éditions Faton), septembre/octobre 2012, p. 56 à 61 (ISSN 1141-7137)

Lebon, G. (2012). *Les incertitudes de l'heure présente*. Editions Humanis.

Le rapport Brundtland, O. N. U. « L'économie de l'environnement à EUREQua » Mireille Chiroleu-Assouline. http://eurequa.univ-paris1.fr/EUREQua/lettres-EUREQua/juin2002-4.pdf

Leroux, E. (2015). Management du tourisme responsable, vecteur d'innovation environnementale, sociale, économique et territoriale. *Management Avenir*, (2), 111-119.

Linhart, R. (1980). *Le Sucre et la Faim. Enquête dans les régions sucrières du Nord-Est brésilien*. Minuit.

LOI N° 94-01 DU 20 JANVIER 1994 - PORTANT REGIME DES FORETS, DE LA FAUNE ET DE LA PECHE, http://extwprlegs1.fao.org/docs/pdf/cmr4845.pdf [Consulté le 30 mai 2021]

Loi n°98/03 du 8 janvier 1998 et décret 98/164 du 20 février 1998. https://www.sec.gouv.sn/code-forestier [Consulté le 28 mai 2021]

Malassis L., (1999), Les trois âges de l'alimentaire Tome I: L'âge pré-agricole et l'âge agricole, Tome II: L'âge agro-industriel, Économie rurale, Société Française d'Economie Rurale, Vol. 249, n ° 1, pages 92-94.

Mansion, A., & Broutin, C. (2013), Quelles politiques foncières en Afrique subsaharienne ? Défis, acteurs et initiatives contemporaines.

Marcotte, P., Bourdeau, L., & Leroux, E. (2011). Branding et labels en tourisme: réticences et défis. *Management Avenir*, (7), 205-222.

Mengoub, F. E. (2018). Investissement Agricole en Afrique: un Niveau Faible... de Nombreuses Opportunités/Agricultural Investment in Africa: A Low Level... Numerous Opportunities.

Morton, A. G. (1981). *History of Botanical Science. An account of the development of botany from ancient times to the present day.* Academic Press.

Njobe, B., & Kaaria, S. (2015). Les femmes et l'ʳᵉ agriculture: Le potentiel inexploité dans la vague de transformation.

Nunn, N., & Qian, N. (2010). The Columbian exchange: A history of disease, food, and ideas. *Journal of Economic Perspectives*, *24*(2), 163-88.

ONU, Le Programme détaillé pour le développement de l'agriculture africaine (PDDAA), https://www.un.org/fr/africa/osaa/peace/caadp.shtml [Consulté le 27 mai 2021]

Paul Bairoch, « Les trois révolutions agricoles du monde développé : rendements et productivité de 1800 à 1985 », *Annales. Économies, Sociétés, Civilisations*, vol. 44, n° 2, 1989, p. 317-353

Rieu A. (2004), *Agriculture et rapports sociaux de sexe, la « révolution silencieuse » des femmes en agriculture*, Cahiers du Genre 2004/2 (n° 37), pages 115 à 130.

Roche, D. (1974). Le problème de la population mondiale : point de vue d'un député fédéral. *Bulletin de l'Association des démographes du Québec*, 3(2), 20-23.

Séronie, J. M., & Jacquemot, P. (2019), VERS L'AUTONOMISATION DES FEMMES EN MILIEU RURAL EN AFRIQUE.

Toukam, J. N. (2003). Les droits des femmes dans les pays de tradition juridique française. *L'Année sociologique*, 53(1), 89-108. ;

Vaillancourt, J. G. (2002). Action 21 et le développement durable. *VertigO-la revue électronique en sciences de l'environnement*, 3(3).

Viennot, É. (2019). La Querelle des femmes, ou « N'en parlons plus ». *Donnemarie-Dontilly : Éditions iXe*.

Weeden, C. (2002). Ethical tourism: An opportunity for competitive advantage?. *Journal of vacation marketing*, 8(2), 141-153.

Références d'articles de loi

arrêt n° 42/L du 9 mars 1978, Bull. p. 5602.

arrêt n° 65 du 19 mai 1964 ;

arrêt n° 96 du 11 mars 1969 ;

CSCO arrêt n° 31/L du 15 janvier 1964

B- Webographie

10 MILLIARDS D'HUMAINS EN 2050 : CINQ CHIFFRES À RETENIR SUR LA SURPOPULATION MONDIALE, ANNONCÉE PAR L'ONU : https://www.novethic.fr/actualite/social/droits-humains/isr-rse/10-milliards-d-humains-en-2050-cinq-chiffres-a-retenir-sur-la-surpopulation-mondiale-annoncee-par-l-onu-147388.html [Consulté le 29 mai 2021]

AFP Afrique (2016), La femme est l'avenir de l'agriculture ; www.terre-net.fr/actualite-agricole/economie-social/article/la-femme-est-l-avenir-de-l-agriculture-202-124326.html [Consulté le 25 mai 2021]

Agrotourisme à Possotomè sur le site de Vers l'outre-mer, le Bénin autrement, http://versloutremer.com/possotome-la-ville-qui-produit-de-leau/agrotourisme-a-possotome/ [consulté le 07 décembre 2020]

Alamone N. (2015). EN IMAGES. Top des plus belles rizières dans le monde, voyage, tendance de l'Express https://www.lexpress.fr/diaporama/diapo-photo/tendances/voyage/en-images-top-des-plus-belles-rizieres-dans-le-monde_1702498.html# [Consulté le 02 décembre 2020]

À propos du Codex Alimentarius ; http://www.fao.org/fao-who-codexalimentarius/about-codex/fr/#c453333 [Consulté le 31 décembre 2020].

Aubé J. (2019), De l'importance de l'agrotourisme, cahier spécial du Mazine Caribou https://www.ledevoir.com/vivre/alimentation/556079/agrotourisme-et-tourisme-gourmand [Consulté le 06 décembre 2020].

Aux côtés des femmes rurales, intensifions nos efforts pour en finir avec la faim et la pauvreté, www.fao.org/about/meetings/rural-women-end-hunger/about-the-event/fr/ [Consulté le 25 mai 2021]

Babi Inside (2016), Green Valley à la conquête de l'agrotourisme, 27 avril 2016. http://www.babiinside.com/greenvalley-a-la-conquete-de-lagrotourisme [consulté le 06 décembre 2020]

Banque Mondiale (2016), Agriculture et alimentation, Vue d'ensemble, https://www.banquemondiale.org/fr/topic/agriculture/overview [Consulté le 25 mai 2021]

Banque Mondiale (2019), Agriculture et alimentation ; https://www.banquemondiale.org/fr/topic/agriculture/overview [Consulté le 25 mai 2021]

Baumard M. (2019), La diaspora africaine de France envoie-t-elle ses 10 milliards annuels à la bonne adresse ? https://www.lemonde.fr/afrique/article/2019/01/24/la-diaspora-africaine-de-france-envoie-t-elle-ses-10-milliards-annuels-a-la-bonne-adresse_5413967_3212.html [Consulté le 03 janvier 2021]

BearingPoint (2019), Le nouvel or vert de l'Afrique https://www.bearingpoint.com/files/PoV_e-agriculture_en_Afrique_v4_web.pdf?download=0&itemId=575786 [Consulté le 03 janvier 2021]

CCI, Emballages et conditionnement : https://www.intracen.org/itc/exportateurs/emballage/ [Consulté le 03 janvier 2021]

Chambre d'agriculture de la Martinique (2018), *Femmes chefs d'entreprises agricoles en Martinique, 06 juil. 2018,* https://martinique.chambre-agriculture.fr/videos/ [Consulté le 27 mai 2021]

Charte du tourisme durable, 1995, http://www.comite21.org/docs/economie/axes-de-travail/tourisme/charte-lanzarote.pdf [consulté le 28 mai 2021].

Croq'Nature : tourisme équitable et solidair : https://www.croqnature.com/tourisme-equitable-et-solidaire-en-toute-transparence/ [Consulté le 18 novembre 2020]

Deltour G. (2019), Le reboisement : opportunités et limitations, https://www.naturevolution.org/reboisement-opportunites-limitations/

Diagramme de causes à effets, tiré du site officiel du gouvernement du Québec https://www.economie.gouv.qc.ca/bibliotheques/outils/gestion-dune-entreprise/production/amelioration-continue-et-resolution-de-problemes/ [Consulté le 31 décembre 2020].

Égalité des sexes à la préhistoire... selon les pratiques des chasseurs-cueilleurs actuels ! (19 mai 2015) https://www.hominides.com/html/actualites/egalite-sexes-prehistoire-0924.php [Consulté le 25 mai 2021]

En chiffres : La place des femmes en Afrique par Nastasia Peteuil le 07 mars 2017 ; www.voaafrique.com/a/en-chiffres-la-places-des-femmes-en-afrique/3753830.html [Consulté le 25 mai 2021]

En utilisant les technologies vertes pour protéger leurs récoltes, les femmes des Caraïbes se débrouillent par elles-mêmes, mercredi 4 juin 2014, https://www.unwomen.org/fr/news/stories/2014/6/caribbean-farmers-use-green-technologies [Consulté le 27 mai 2021]

Espoir Olodo (2019), Les pertes post-récoltes, un mal africain dont on connaît pourtant les remèdes, HebdoP1 https://cutt.ly/7fAVRd3

Expérimental, Tourisme participatif à Huayllaphara. http://www.peru-cusco.com/tour-tourisme-participatif-a-huayllaphara-fr [Consulté le 19 novembre 2020]

FAO (2014), La déclaration de Malabo de l'Union Africaine (UA) sur les pertes après récolte, http://www.fao.org/food-loss-reduction/news/details/fr/c/251934/#:~:text=Parmi%20les%20engagements%20r%C3%A9cents%2C%20les,apr%C3%A8s%20r%C3%A9coltes%20d'ici%202025 [Consulté le 29 mai 2021]

Fondation RAJA-Danièle Marcovici (2015), Femmes & agriculture dans les pays en développement, INTERVIEW DE MARINA OGIER, 14 octobre 2015, https : //www.fondation-raja-marcovici.com/actualites/femmes-agriculture-dans-les-pays-en-developpement.html [Consulté le 27 mai 2021]

Greenfacts (2008), Quel est le rôle des femmes dans l'agriculture et le développement ? in Dossier « Agriculture et le développement (IAASTD) », https://www.greenfacts.org/fr/agriculture-developpement/l-2/9-femmes-agriculture.htm [Consulté le 27 mai 2021]

indigenoustourism.ca : L'Alberta met l'accent sur la croissance du tourisme autochtone, 18 mai 2017. https://indigenoustourism.ca/corporate/fr/alberta-steps-help-grow-indigenous-tourism/ [Consulté le 19 novembre 2020]

Jancovici J.-M. (2013) [mai 2005], « Combien suis-je un esclavagiste ? », https://jancovici.com/transition-energetique/l-energie-et-nous/combien-suis-je-un-esclavagiste/ [Consulté le 30 décembre 2020]

Kakdeu L.-M. (2017), Cameroun : Quels freins à la micro-assurance agricole ? http://www.libreafrique.org/Louis-Marie-Kakdeu-micro-assurance-cameroun [Consulté le 26 mai 2021].

Kamau-Rutenberg W. (2018), La parité hommes-femmes dans le secteur agricole africain : une nécessité en termes d'innovation, OMPI MAGAZINE, https://www.wipo.int/wipo_magazine/fr/2018/02/article_0006.html [Consulté le 26 mai 2021].

Kessous M. (2020), Philippe Simo, retour gagnant au Cameroun, le 29 décembre 2020, https://www.lemonde.fr/afrique/article/2020/12/29/philippe-simo-retour-gagnant-au-cameroun_6064759_3212.html [consulté le 29 mai 2021].

La Charte du WWOOFing via le site WWOOFing, une reconnexion à la terre : http://docs.wwoof.fr/documents/charte-wwoofing.pdf [Consulté le 30 novembre 2020].

La contribution des femmes à la production agricole et à la sécurité alimentaire : situation actuelle et perspectives in *Genre et sécurité alimentaire de la FAO*, www.fao.org/3/x0233f/x0233f02.htm [Consulté le 25 mai 2021]

L'agrotourisme : information issue du site de l'agence Passion Terre, dans la rubrique « Tourisme Durable », sous rubrique des définitions/Agrotourisme. https://passionterre.com/agrotourisme/ [Consulté le 16 novembre 2020].

L'agritourisme : Lancez-vous !, actualités, https://www.terredecompta.com/actualites/agritourisme.html [Consulté le 30 novembre 2020].

L'AGRICULTURE BIOLOGIQUE AU SERVICE DES FEMMES SÉNÉGALAISES ; https://cintl.org/fr/stories/lagriculture-biologique-au-service-des-femmes-senegalaises/ [Consulté le 27 mai 2021]

Laishley R. (2014), Main basse sur les terres africaines ? Les acquisitions étrangères créent des opportunités, mais beaucoup y voient aussi une menace - Afrique Renouveau : Édition Spéciale Agriculture ; https://www.un.org/africarenewal/fr/magazine/%C3%A9dition-sp%C3%A9ciale-agriculture-2014/main-basse-sur-les-terres-africaines [Consulté le 29 mai 2021]

L'Alberta met l'accent sur la croissance du tourisme autochtone, 18 mai 2017. https://indigenoustourism.ca/corporate/fr/alberta-steps-help-grow-indigenous-tourism/ [Consulté le 19 novembre 2020]

Lâm Dông crée une percée dans son agritourisme, 16 août 2018 : https://lecourrier.vn/lam-dong-cree-une-percee-dans-son-agritourisme/517808.html [Consulté le 02 décembre 2020]

La terre, un enjeu Agriculture (2006-2009) - http://atlas-caraibe.certic.unicaen.fr/fr/page-125.html[Consulté le 4 septembre 2020)

Lattier A. (2013), Accaparement des terres africaines : « La question foncière devrait être une opportunité» https://www.rfi.fr/fr/afrique/20130804-banque-mondiale-plaide-reformes-foncieres-lutter-contre-accaparement-terres-agricol

Lelievre C. (2018), L'agritourisme récolte près d'un tiers de la fréquentation touristique en France, *Des séjours nature et « tendance »,* le Jeudi 1 Mars 2018, https://www.tourmag.com/L-agritourisme-recolte-pres-d-un-tiers-de-la-frequentation-touristique-en-France_a91902.html [consulté le 29 mai 2021].

Le Monde (2018), L'agrotourisme haut de gamme fleurit, VOYAGE, https://www.lemonde.fr/m-voyage/article/2018/03/30/l-agrotourisme-haut-de-gamme-fleurit_5278644_4497613.html [consulté le 29 mai 2021].

Le Monde avec AFP Publié le 19 juin 2020 : En pleine pandémie de coronavirus, l'Afrique de l'Est retient son souffle avant une nouvelle vague de criquets : https://www.lemonde.fr/afrique/article/2020/06/19/en-pleine-pandemie-de-coronavirus-l-afrique-de-l-est-retient-son-souffle-avant-une-nouvelle-vague-de-criquets_6043391_3212.html [Consulté le 23 mai 2021]

Le Point Afrique (2018), Plus que jamais l'Afrique a besoin de ses jeunes pour moderniser son agriculture ; https://www.lepoint.fr/economie/plus-que-jamais-l-afrique-a-besoin-de-ces-jeunes-pour-moderniser-son-agriculture-24-12-2018-2281715_28.php

Le Quotidien du Peuple en ligne. Des agriculteurs chinois font fortune grâce à l'agritourisme, 07 avril 2012 http://french.peopledaily.com.cn/8197815.html [Consulté le 16 novembre 2020]

Les grands problèmes de la population mondiale, *Economie et Statistique Année*, 1951 H-S pp. 3-89 : https://www.persee.fr/doc/estat_1149-3755_1951_hos_6_1_9760 [Consulté le 23 décembre 2020]

LE TOURISME DANS LE PROGRAMME 2030
https://www.unwto.org/fr/le-tourisme-dans-le-programme-2030

Louvet B. (2017), Deux chasseuses-cueilleuses retrouvées dans une grotte se révèlent étroitement liées à la population moderne, 5 février 2017 ; https://sciencepost.fr/deux-chasseuses-cueilleuses-retrouvees-grotte-russe-se-revelent-etroitement-liees-a-population-moderne/ [Consulté le 25 mai 2021]

L'utilisation des organismes génétiquement modifiés dans l'agriculture et dans l'alimentation, LE DRÉAUT (Jean-Yves), Député, Président de l'Office ; REVOL (Henri), Vice-Président ; RAPPORT 545 (97-98), Tome 2, Partie 1 - OFFICE PARLEMENTAIRE D'EVALUATION DES CHOIX SCIENTIFIQUES ET TECHNOLOGIQUES https://www.senat.fr/rap/o97-54522/o97-54522_mono.html [Consulté le 23 mai 2021]

Magnan P. (2018), Tunisie : le trésor caché de l'agrotourisme dans les oliveraies (le 11/08/2018) https://www.francetvinfo.fr/monde/afrique/economie-africaine/tunisie-le-tresor-cache-de-l-agrotourisme-dans-les-oliveraies_3054635.html [Consulté le 06 décembre 2020].

McKinsey & Company (2017), LE POUVOIR DE LA PARITÉ : PROMOUVOIR L'ÉGALITÉ HOMMES-FEMMES AU CANADA, https://urlz.fr/fL0i [Consulté le 27 mai 2021]

Naomi Lloyd (2019), African Women's Forum : un nouveau rôle pour les femmes dans l'agriculture en Afrique, *Business*, fr.euronews.com/2019/11/20/african-women-s-forum-un-nouveau-role-pour-les-femmes-dans-l-agriculture-en-afrique [Consulté le 27 mai 2021]

Nirit Ben-Ari (2014), L'agriculture une affaire de femmes, *Afrique Renouveau : Édition Spéciale Agriculture, UN 2014* ; www.un.org/africarenewal/fr/magazine/%C3%A9dition-sp%C3%A9ciale-agriculture-2014/l%E2%80%99agriculture-une-affaire-de-femmes [Consulté le 25 mai 2021]

OMT : LE TOURISME DANS LE PROGRAMME 2030 https://www.unwto.org/fr/le-tourisme-dans-le-programme-2030 [Consulté le 16 novembre 2020]

OMPI (2018), La parité hommes-femmes dans le secteur agricole africain : une nécessité en termes d'innovation, Avril 2018 https://www.wipo.int/wipo_magazine/fr/2018/02/article_0006.html#:~:text=La%20place%20des%20femmes%20dans,elles%20travaillent%20dans%20ce%20secteur. [Consulté le 19 novembre 2020]

Onea D. (2018), Tourisme rural en Roumanie ; https://www.rri.ro/fr_fr/tourisme_rural_en_roumanie-2578329 [Consulté le 19 novembre 2020]

ONU Femme (2012), Accélérer le leadership des femmes dans l'économie verte, mardi 19 juin 2012 : https://www.unwomen.org/fr/news/stories/2012/6/fast-forwarding-women-s-leadership-in-the-green-economy

ONU (2018), La FAO et des partenaires aident l'Afrique à réduire de moitié ses pertes alimentaires, 22 juin 2018, *Développement durable (ODD)*, https://news.un.org/fr/story/2018/06/1017212

Palmer S.-A. (2019), *Défendre et soutenir les femmes et la culture biologique du café en Jamaïque, mercredi, 27 février 2019*, https://www.cta.int/fr/genre/article/defendre-et-soutenir-les-femmes-et-la-culture-biologique-du-cafe-en-jamaique-sid0cdf07cdd-886b-454d-ab4c-1751d906cd89 [Consulté le 27 mai 2021]

Passion Terre, L'Agrotourisme https://passionterre.com/agrotourisme/ [Consulté le 16 novembre 2020].

Podcast des propos de la présidente, Madame Bernadette Gba, à consulter ce site : **https://voca.ro/64N0nG21Bsd** [consulté le 29 mai 2021].

RFI (2016), Les femmes, piliers du développement de l'agriculture en Afrique, 15/12/2016 https://www.rfi.fr/fr/afrique/20161215-fao-femmes-rurales-inegalites [Consulté le 27 mai 2021]

Sani M. (2012), « Après 11 ans de crise la Côte d'Ivoire relance son tourisme sous le signe du... chocolat ! » https://www.tourmag.com/Apres-11-ans-de-crise-la-Cote-d-Ivoire-relance-son-tourisme-sous-le-signe-du-chocolat-

_a54128.html https://passionterre.com/agrotourisme/ [Consulté le 16 novembre 2020].

Tchounand R (2021), Economie : Rwanda, Côte d'Ivoire, Cap-Vert…ces pays qui devraient considérablement remonter la pente en 2021, *Stratégies, 08 Jan 2021, https://afrique.latribune.fr/economie/strategies/2021-01-08/economie-rwanda-cote-d-ivoire-cap-vert-ces-pays-qui-devraient-considerablement-remonter-la-pente-en-2021-870994.html?fbclid=IwAR3kMYISjXR8FDiOWy0Z1x08n7LPjV RbtK1_aUxpiX0t2GPiXSVAme3KXkQ* [consulté le 29 mai 2021].

Terre-net Média (2020), Agritourisme : 10 projets retenus pour être accompagnés, lundi 14 septembre 2020 https://www.terre-net.fr/actualite-agricole/economie-social/article/bienvenue-a-la-ferme-miimosa-airbnb-10-laureats-a-l-appel-a-projets-d-agritourisme-2020-202-171992.html [consulté le 29 mai 2021].

Toulemonde (2019), L'Afrique accro au riz asiatique, https://www.lesechos.fr/industrie-services/conso-distribution/lafrique-accro-au-riz-asiatique-1125133

Tourisme : Comment et pourquoi développer l'écotourisme en RDC ? https://www.congo-autrement.com/page/rdc-tourisme-2/comment-et-pourquoi-developper-l-ecotourisme-en-rdc.html [consulté le 06 décembre 2020]

Tourisme solidaire et équitable - Définitions, actualités et ressources ; https://www.voyageons-autrement.com/index/tourisme-solidaire/definitions-tourisme-solidaire/ [Consulté le 18 novembre 2020]

Un Lit au Pré en pole position de l'agritourisme soutenue par l'Union européenne, Communiqué de presse publié le 24 juin 2016. https://www.unlitaupre.fr/communique-de-presse/un-lit-au-pre-en-pole-position-de-lagritourisme-soutenue-par-lunion-europeenne/ [Consulté le 28 novembre 2020].

WWOOFing, une reconnection à la terre :
http://docs.wwoof.fr/documents/charte-wwoofing.pdf
[Consulté le 30 novembre 2020].

Isabelle BLOT :
Diplômée des universités Paris Sorbonne 1 et Paris 8. Elle est consultante en psychologie positive et égalité dès l'enfance. Depuis 15 ans elle s'est spécialisée dans la mise en lumière des talents féminins, leurs forces positives, leurs initiatives négligées, ignorées, effacées. « Les visions restrictives liées au genre font perdre des talents aux entreprises, à l'évolution de la société, de l'humanité ».

Augustin TAPE
Journaliste producteur radio-consultant formateur en journalisme en Côte d'Ivoire. Diplômé en journalisme télé, à l'ISTC d'Abidjan et Licencié ès lettres, à l'Université de Cocody-Abidjan. Fort de son expérience dans la spécialisation sur la thématique Genre et Médias, Augustin Tapé, renforce les capacités de ses confrères et consœurs des médias sur le journalisme sensible au Genre.

Matondo Wawa
Dr Matondo Wawa accompagne les porteurs de projets en les incitants élargir leur vision, en les guidant à concrétiser leurs projets par des actions. Il intervient aussi dans le domaine de l'éducation, du commerce et des affaires en tant que professeur adjoint à la School of Business de l'Université St-Martin à Olympia, Washington. Il est aussi l'auteur du livre "Power Through", qui parle de stratégies de réussite spécifiques pour les entrepreneurs individuels et les start-ups qui sont en quête de développement de leur business à l'international.

Ange-Mireille GNAO
Française d'origine ivoirienne, professeure, formatrice en Economie Gestion et Consultante en stratégie de communication numérique auprès des centres de formation tel que les Compagnons du Devoir et auprès de l'Education nationale, elle accompagne les jeunes en insertion et les entreprises dans leur transition numérique en les sensibilisant à l'usage des outils numériques à l'ère du tout cliquable « Réseaux sociaux » pour développer leurs compétences. Diplômée d'un Master Européen en Management et Stratégie de communication, spécialité Stratégies Publicitaires et Communication numérique et d'un Bachelor en stratégie de communication globale à l'Institut International de Paris (IICP).

Christelle YOBO
Née en Côte d'Ivoire, Mme. Christelle Yobo est diplômée de l'Université de Hambourg en administration des affaires. Fondatrice de l'ONG NaJe, du NaJe Festival et de la StartUp Wabô, elle est passionnée de l'agriculture afin d'apporter des solutions aux problèmes des populations vulnérables, des coopératives agricoles féminines en Afrique, sans oublier la diaspora.

Rania FAWAZ

Avocat internationale inscrite au barreau de Paris depuis 2005, spécialisée en droit des affaires, et Associée au sein de la structure L&P AVOCATS basée à Paris, Maître Rania FAWAZ est, également, conférencière et professeur de droit des affaires.

Polyglotte et ayant résidé sur plusieurs continents, en Afrique et en Europe, Maître Rania FAWAZ reste un ardent défenseur de l'atteinte des objectifs de développement durable (ODD) tels que définis par l'ONU, sur le plan international.

Hyacintha FAUSTINO

Une jeune femme d'origine togolaise, elle est titulaire d'un MBA de l'Université du Sud de Taïwan et d'un Bachelor de Sup de Co Montpellier. Elle a apporté sa contribution dans des institutions telles que l'Université de Hong Kong ainsi que pour le secteur à but non lucratif où elle avait la charge du développement de programmes éducatifs pour les demandeurs d'asile et les réfugiés d'Asie du Sud-Est et d'Afrique.

Entrepreneuse autodidacte, elle vit actuellement entre la France et le Ghana avec sa famille.

Wilsonn LABOSSIERE

Enseignant-chercheur, Docteur en Sciences de Gestion, spécialisé en marketing ethnique et communication multiculturelle. Diplômé de l'Institut Mines-Télécom Business School (IMT-BS), en co-association avec l'Université d'Evry. Chercheur associé au laboratoire du LITEM de l'IMT-BS, il mène des activités de recherche sur la diversité, l'agrobusiness et les NTICs.

Structures éditoriales du groupe L'Harmattan

L'Harmattan Italie
Via degli Artisti, 15
10124 Torino
harmattan.italia@gmail.com

L'Harmattan Hongrie
Kossuth l. u. 14-16.
1053 Budapest
harmattan@harmattan.hu

L'Harmattan Sénégal
10 VDN en face Mermoz
BP 45034 Dakar-Fann
senharmattan@gmail.com

L'Harmattan Congo
67, boulevard Denis-Sassou-N'Guesso
BP 2874 Brazzaville
harmattan.congo@yahoo.fr

L'Harmattan Cameroun
TSINGA/FECAFOOT
BP 11486 Yaoundé
inkoukam@gmail.com

L'Harmattan Mali
ACI 2000 - Immeuble Mgr Jean Marie Cisse
Bureau 10
BP 145 Bamako-Mali
mali@harmattan.fr

L'Harmattan Burkina Faso
Achille Somé – tengnule@hotmail.fr

L'Harmattan Togo
Djidjole – Lomé
Maison Amela
face EPP BATOME
ddamela@aol.com

L'Harmattan Guinée
Almamya, rue KA 028 OKB Agency
BP 3470 Conakry
harmattanguinee@yahoo.fr

L'Harmattan Côte d'Ivoire
Résidence Karl – Cité des Arts
Abidjan-Cocody
03 BP 1588 Abidjan
espace_harmattan.ci@hotmail.fr

L'Harmattan RDC
185, avenue Nyangwe
Commune de Lingwala – Kinshasa
matangilamusadila@yahoo.fr

Nos librairies en France

Librairie internationale
16, rue des Écoles
75005 Paris
librairie.internationale@harmattan.fr
01 40 46 79 11
www.librairieharmattan.com

Librairie des savoirs
21, rue des Écoles
75005 Paris
librairie.sh@harmattan.fr
01 46 34 13 71
www.librairieharmattansh.com

Librairie Le Lucernaire
53, rue Notre-Dame-des-Champs
75006 Paris
librairie@lucernaire.fr
01 42 22 67 13